The Fire Stays in Red

The Fire Stays in Red

Poems by Ronny Someck

A Bilingual Edition
in Hebrew and English

Translated by
Moshe Dor and Barbara Goldberg

THE UNIVERSITY OF WISCONSIN PRESS / DRYAD PRESS

The University of Wisconsin Press
1930 Monroe Street, 3rd Floor
Madison, Wisconsin 53711-2059
www.wisc.edu/wisconsinpress/

3 Henrietta Street
London WC2E 8LU, England

Dryad Press
Post Office Box 11233
Takoma Park, Maryland 20911

5 4 3 2 1

Printed in the United States of America

Cover art and photograph of Ronny Someck by Ronen Lalena
Book and cover design by Sandy Rodgers

Text is typeset in 11.5/14 Bembo, titles in 16 pt Perpetua

LIBRARY OF CONGRESS CATALOGING-IN-PUBLICATION DATA

Someck, Ronny.
[Poems. English & Hebrew. Selections]
The fire stays in red : poems : a bilingual edition in Hebrew and English / Ronny Someck ; translated by Moshe Dor and Barbara Goldberg.
p. cm.
ISBN 0-299-17900-1 (cloth : alk. paper)—ISBN 0-299-17904-4 (pbk. : alk. paper)
1. Someck, Ronny—Translations into English. I. Dor, Moshe, 1932-II. Goldberg, Barbara. III. Title.

PJ5054.S65 A23 2002
892.4′16—dc21 2002020689

ACKNOWLEDGEMENTS

Grateful acknowledgments to the books and journals in which some of these poems first appeared: *After the First Rain: Israeli Poems on War and Peace*, Eds. Moshe Dor and Barbara Goldberg (Syracuse University Press and Dryad Press, 1997): "From this Distance the Tombstones Look Like a Flock of Storks," "Pallor in the Face"; *American Poetry Review*: "Tattoo of an Eagle," "The Fire Stays in Red," "On the Way to Arad," "The First Kilometer," "Parachute Canopy," "Nine Lines about a Bedouin Dying of Desert Cancer," "Poem about Brenner with A.N.'s Shout in Parenthesis," "The Dead Sea," "Punk Poem Beginning with Two Lines by Chekhov," "Another Winter," "Elegy for a Dead Horse in the Sabrah Refugee Camp"; *ASHA* (The American Sppech-Language-Hearing Association) *Magazine*: "The Retort of the Stuttering Boy." "From the Distance the Tombstones Look Like a Flock of Storks" and "Pallor in the Face" were translated from the Hebrew by Moshe Dor and William Matthews.

Publication of *The Fire Stays in Red* was made possible
in part by the generous support of:

Kate and Irving Losman
Dorothy C. Packer
Oded Halahmy Foundation for the Arts, Inc.

for Liora and Shirlee

*Waves of wheat ripple over the head
of my wife, over the head of my daughter.
How trite it is to describe blonde this way
yet there grows the bread of my life.*

Contents

Foreword

Ronny Someck's poems give us an Israel with a distinct Eastern, or Sephardi, voice, invoking the bustling street life of southern Tel Aviv with its small garages, shops and workers' restaurants. Here are the odors of falafel and schwarma, here the great singers Umm Kulthum, Farid al Atrash and Fairuz rub shoulders with Elvis Presley and Billie Holiday: "She wore a black evening gown/ and the hammers of her voice pounded steel nails/ into an elbow leaning on a table/ at the café in Struma Square." ("Embroidered Rag: A Poem About Umm Kulthum"). And "In the south of Tel Aviv, N's friend,/ the jazz pianist, was dying./ On the record player, Billie Holiday had shortened/ her skirt by five centimeters. She stood photogenically/ in one of the streets near Levinsky. By the way,/ how do you translate the word *junk* into Hebrew?" ("From This Distance the Tombstones Look Like a Flight of Storks").

Here are the undeveloped "development towns" in the desert of the south and the hills of the north. Here is the army, that great melting pot of tribes and traditions, its supporting cast of fresh recruits, military cooks, drivers, female clerks, elite commandos and paratroopers — heroics integrated with the routine: "We had 30 seconds to storm the Tit, a jutting/ hill at the end of the obstacle course in boot camp./ Overhead clouds ironed the sky's collar with starch/ and the khaki sand, in a different landscape, would have been/ a line in a nature poem./ But where is a poem and where is nature/ with two canteens juggling on my hip,/ my hands gripping an Uzi/ and a shovel strapped to my spine" ("30 Seconds to Storm the Tit").

The language in Someck's poetry is rich with slang. It carries a minimum of Biblical trappings and allusions — here and there an Old Testament metaphor, a word picture, but always on a tight leash. Rather, he uses the street Hebrew of gangs, Arab menial workers, common laborers struggling to survive. It is the Hebrew of the lovelorn — hot, erotic, comic, tragic, agape at the wonders of a tear and a tattoo and a snapshot and a bra and a scarecrow. To read his poetry is to ride a runaway horse — you just hold on for your life: "Alcohol circulates through my body, and also blood./ Words are eaten alive by the sorrow of wild beasts,/ brandy is diluted in ice and tap water,/ longing is a light burning in the bedroom,/ an Elvis record,/ the hook of a bra." ("Solo").

No wonder he is so beloved in Israel. Where else can you find Tarzan, Marilyn Monroe and cowboys battling with Rabbi Yehuda Halevi for the hearts and souls of Israelis? Who else expresses such empathy for a juvenile delinquent, a holocaust survivor and the victims of the massacre in Sabrah and Shatilla, Palestinian refugee camps in the Lebanon?   In "Elegy for a Dead Horse in the Sabrah Refugee Camp," he writes:

> Even its corpse is more lovely than a late-model Chevrolet.
> Surely it must have galloped to a royal fanfare
> or been harnessed to a plow or just reared up on its hind legs
> becoming for an instant a merry-go-round.

Someck is nonjudgmental — he has no axe to grind. What stands out is his generosity, both in his work and his life. Unlike many of his contemporaries, he is remarkably free from bitterness. Instead, he embraces the rich melange of cultures that is Israel, as in "Hawadja Bialik": "An Arab girl sings a poem by Bialik/ on a bus whose wings shade the olive trees/ along the curves of Wadi Ara./ No mother, no sister and her eyes. . . ."

Some challenges in translating Someck's work are the usual ones stemming from grammar and syntax of the original language (Hebrew) not mirrored in the language (English) towards which the poem is traveling. Hebrew is a compact and dense language. Describing the same event will be about one third shorter in Hebrew than in English. This compactness accounts for the ungainly lines in English — Someck writes lines of erratic length, rushing from one image to another. Wherever possible, the translators kept to his principle of momentum, but often the English lines had to be broken because they simply would not fit into the confines of the margin.

Then there is the issue of linguistic roots. Out of one Hebrew root, *chatoch* or "cut" spring verbs, nouns, and other expressions, in this case, "to cut," "a slice," "a piece," "the cut of one's clothing," and "a piece of work." Slang finds rich expression through roots, for instance, out of "cut" comes a hunk (*chatich*, or well-built man), a "piece" (*chaticha*, or sexy woman), even derogatory expressions like a "piece of shit." Thus, many words carry the heft of other words derived from the same root. This layering of the language can elevate seemingly ordinary phrases to profound, even mystical, significance, something that is often lost in translation.

A great challenge in Someck's work is finding Hebrew slang equivalents in English. This has meant our having to take liberties that often defy the realm of the literal. Here's where creativity and ingenuity can flourish. A literal, word-for-word translation, although accurate, rarely results in a poem. As Victor Hugo put it, comparing a translated poem to a woman, "If she is beautiful, she is not faithful; if she is faithful, she is not beautiful." Translation has also been characterized by the Hebrew poet Bialik as "kissing the bride through a veil." Through all of this, we have tried to be as faithful to the original as possible without sacrificing beauty on the altar of precision. Translating Ronny Someck has been a labor of love and, like love, maddening, captivating, and sheer fun. His poems move with staccato rhythms, quick cuts, closeups, and disturbing segues. As in film noir, the overwhelming sensations are of speed, danger, uncertainty. Much like life itself.

— *Barbara Goldberg and Moshe Dor*

1

יַסְמִין. שִׁיר עַל נְיַר זְכוּכִית

פֵּירוּז מְרִימָה שְׂפָתַיִם
לַשָּׁמַיִם
שֶׁיַּמְטִירוּ יַסְמִין
עַל אֵלֶּה שֶׁפַּעַם נִפְגְּשׁוּ
וְלֹא יָדְעוּ שֶׁהֵם בְּאַהֲבָה.
אֲנִי שׁוֹמֵעַ אוֹתָהּ בַּפִּיאַט שֶׁל מוּחַמַּד
בְּצָהֳרֵי רְחוֹב אִבְּן גַּבִּירוֹל.
זַמֶּרֶת לְבָנוֹנִית שָׁרָה בִּמְכוֹנִית אִיטַלְקִית
שֶׁל מְשׁוֹרֵר עַרְבִי מְבַקְּעָה אַל גַּרְבִּיָּה
בִּרְחוֹב עַל שְׁמוֹ שֶׁל מְשׁוֹרֵר עִבְרִי שֶׁחַי בִּסְפָרַד.
וְהַיַּסְמִין?
אִם יִפֹּל מִשְּׁמֵי אַחֲרִית הַיָּמִים
יִהְיֶה לְרֶגַע
רַמְזוֹר
יָרֹק
בַּצֹּמֶת הַבָּא.

JASMINE. POEM ABOUT SAND-PAPER

Fairuz raises her lips
to the sky
so that it will rain jasmine
on those who met once
unaware they were in love.
At noon I'm listening to her in Muhammad's Fiat
on Ibn Gabirol Street.
A Lebanese singer singing in an Italian car
owned by an Arab poet from Baqua al Garbiya
on a street named for a Hebrew poet who lived in Spain.
And jasmine?
If it falls from the sky at the End of Days
it will be for a moment
a green
signal
at the next intersection.

7 שׁוּרוֹת עַל פֶּלֶא הַיַּרְקוֹן

עוֹד מְעַט תִּשָּׁלֵף הָעִיר תֵּל אָבִיב כְּמוֹ אֶקְדָּח.
מַה שֶּׁיָּבוֹא מִכִּוּוּן הַיָּם יַתְחִיל בְּרוּחוֹת חַמּוֹת
וּבָרְחוֹבוֹת כְּבָר יְדַבְּרוּ בְּשֶׁקֶט שֶׁל אַחֲרֵי הַיְּרִיּוֹת.
חֲבָל שֶׁאֵין קִרְקָס בָּעִיר הַזֹּאת,
חֲבָל שֶׁאֵין בּוֹלֵעַ חֲרָבוֹת, שֶׁאֵין קוֹסֵם, שֶׁאֵין פִּילִים, שֶׁאֵין דְּרָקוֹן,
חֲבָל שֶׁרַק סִירָה אַחַת עוֹבֶרֶת, עַכְשָׁו שֶׁאֲנִי מַרְאֶה לְמִישֶׁהִי לֹא מִכָּאן
אֶת פֶּלֶא הַיַּרְקוֹן.

7 LINES ABOUT THE WONDER OF THE YARKON

Soon Tel Aviv will be drawn like a gun from a holster.
What will come from the sea begins as hot gusts,
people already talking in the streets as in the calm
aftermath of a shooting.
A pity there's no circus in this town, a pity
no sword swallower, no magician, no elephants, no dragon,
a pity only one boat sails by, now that I show the wonder
of the Yarkon to a girl
not from these parts.

רְחוֹב הַמַּסְגֵּר. זַמֶּרֶת חֲתֻנּוֹת

כְּשֶׁהַהִיסְטוֹרְיָה תִּשְׁפֹּט אוֹתָהּ, הִיא תֵּרֵד עַל אֲלוּנְקָה.
הַגִּיטָרִיסְטִים שֶׁלָּהּ יְנַגְּנוּ אָז בַּחֲתֻנָּה אַחֶרֶת
וְיַבְטִיחוּ בַּקְבּוּק שַׁמְפַּנְיָה לַשֻּׁלְחָן הַמִּצְטַיֵּן.
״מִישֶׁהוּ מֵהַחֲבֵרִים שֶׁלְּךָ״ הִיא אוֹמֶרֶת ״שָׁר פַּעַם
עַל גֶּבֶר הוֹלֵךְ לְאִבּוּד. כְּשֶׁאֲנִי טוֹבָה עִם עַצְמִי
אֲנִי גְּבֶרֶת כָּזֹאת וּכְשֶׁאֲנִי רָעָה אֲנִי
זוֹנַת מִיקְרוֹפוֹנִים.״
בִּרְחוֹב אַחֵר אוּלַי הָיִיתִי מִתְאַהֵב בָּהּ, אֲבָל
כָּאן בַּבֹּקֶר מַחֲלִיפִים קַרְבּוּרָטוֹרִים לִמְכוֹנִיּוֹת מְשֻׁמָּשׁוֹת
וּבַלַּיְלָה מִתְחַתְּנִים.
לִפְנוֹת עֶרֶב כְּשֶׁהִיא לוֹבֶשֶׁת אֶת הַשִּׂמְלָה הַכְּחֻלָּה הִיא
יוֹדַעַת שֶׁאֱלֹהִים עָשָׂה מֵהַצֶּבַע הַזֶּה יָם
וְשֶׁלָּהּ נִשְׁאֲרוּ הַטִּפּוֹת שֶׁבְּקֹשִׁי יַסְפִּיקוּ
לִשְׁלוּלִית.

HAMASGER STREET. A WEDDING SINGER

When History passes judgment, she'll be rolled out on a stretcher.
Her guitarists will strum at another wedding
and promise a bottle of champagne to the head table.
"A friend of yours," she says, "once sang
of a man going down the drain. When I'm good to myself
I'm a lady, and when I'm bad
I'm a mike hooker."
On another street I might have fallen in love with her
but here in the morning they replace carburetors in used cars
and at night they get married.
At dusk she'll put on her blue dress and know
God created a sea out of that very color
but she's been left with the drops, barely
enough for a puddle.

חַוָאגַ'ה בְּיַאלִיק

יַלְדָּה עַרְבִיָּה שָׁרָה שִׁיר שֶׁל בְּיַאלִיק
וְצֵל כַּנְפֵי הָאוֹטוֹבּוּס מַשְׁחִיר אֶת עֲצֵי הַזַּיִת
בְּפַתּוּלֵי וָאדִי עָרָה.
אֵין אֵם, אֵין אָחוֹת וְעֵינֶיהָ מְגַלְגְּלוֹת
מֵעַפְעַף לְעַפְעַף אֶת רַמָּאוּת הַכּוֹכָבִים
שֶׁל חַוָאגַ'ה בְּיַאלִיק.
פַּעַם קָרָאתִי כִּי הַסִּימָן הָרִאשׁוֹן
הַמְּבַשֵּׂר אֶת כִּבְיוֹנוֹ הַקָּרֵב שֶׁל כּוֹכָב
הוּא נְפִיחוּת בּוֹלֶטֶת
וְהִתְאַדְּמוּת בָּאֲזוֹרִים הַחִיצוֹנִיִּים.
עַל הָרֵי שְׂפָתֶיהָ נִמְרַח שְׂטִיחַ אָדֹם
וְעִקְבֵי הַשִּׁיר נָקְשׁוּ דּוֹ, נָקְשׁוּ לָה.
מִילְיוֹנֵי שָׁנִים נִמְשֶׁכֶת הַהִתְמוֹטְטוּת עַד שֶׁנֶּהְפָּךְ הַכּוֹכָב
לְכַדּוּר מְלֻבָּן.
אֶת יִתְרַת הַחֹם הוּא מַקְרִין אֶל הֶחָלָל
שֶׁל בַּיִת לֹא גָּמוּר.
הַשֶּׁמֶשׁ שֶׁנִּשְׂרְפָה בְּלַהֲבָהּ נִקְדָּה בְּזֵעָה אֶת הַגּוּפִיּוֹת
הַכְּחֻלּוֹת שֶׁל הַפּוֹעֲלִים
וְקוֹל תְּפִלּוֹתָיו הַנִּדָּחוֹת שֶׁל הַמּוּאַזִּין נִפְרַשׂ
כִּשְׂטִיחַ פָּרוּם עַל גַּבּוֹ שֶׁל חֲמוֹר
שֶׁנִּגְמַר לוֹ הַסּוּס.

Hawadja Bialik

An Arab girl sings a poem by Bialik
on a bus whose wings shade the olive trees
along the curves of Wadi Ara.
No mother, no sister and her eyes
roll from eyelid to eyelid the duplicity
of Hawadja Bialik's stars.
I once read the first sign of a star
on the brink of extinction
is a pronounced swelling and a red rim.
A red carpet lays over the hill
of her lips and the poem's heels click *do*, click *la*.
It takes millions of years before a star collapses
into a white fireball. Whatever heat
is left radiates into the empty rooms
of a house still under construction.
The sun singed by its own flame stains
the workers' blue undershirts with sweat
and from faraway the muezzin's call
is slung like a frayed rug over a donkey
at the end of its rope.

הַטֶּמְפֶּרָטוּרָה הִיא אֲבַק שְׂרֵפָה

תְּנוּעַת הַחִזּוּר צְרִיכָה לְהִתְרַפֵּק כְּחַיַּת בַּיִת,
הַדִּבּוּר הוּא שְׁלִיפָה מֵהַצַּד
וְהַשָּׁנִים הַמִּתְרַחֲקוֹת מִ־16 וָחֵצִי
דּוֹמוֹת לְגוּרֵי הַחֲתוּלִים
שֶׁבִּקְצֵה הַיָּד.

בְּסוֹפוֹ שֶׁל דָּבָר אֲפִלּוּ הָאֶקְדּוֹחָן הַטּוֹב הוּא אֶקְדּוֹחָן.
אֶת הַפָּנִים הַמֻּסְתָּרוֹת מְזַהִים לְפִי אִבְחַת הַחֶרֶב
וְעַל הַזְּכוּכִית שֶׁל כָּל חַלּוֹן רַאֲוָה
מִשְׁתַּקֶּפֶת הָעִיר
הַבּוֹעֶרֶת.

אֲנִי מַכִּיר אֶת הַסְּבִיבָה הַזֹּאת,
הַטֶּמְפֶּרָטוּרָה הִיא אֲבַק שְׂרֵפָה
וְלִפְעָמִים אֲפִלּוּ שְׁתִיקָה
הִיא הַמַּסְלוּל הַבָּלִיסְטִי שֶׁל הַמִּלָּה הָרִאשׁוֹנָה.

THE TEMPERATURE IS GUNPOWDER

The courting gesture should snuggle like a pet,
talking is like shooting from the hip
and the years walking away from 16 and a half
are like kittens
at the edge of the hand.

Finally, even the best gunslinger is a gunslinger.
The hidden face comes to light by the swish of a sword
and the burning city
is reflected
in the display window of every storefront.

I know this neighborhood,
the temperature is gunpowder
and sometimes even silence
is the trajectory of the first word.

נֶשֶׁר שֶׁל כְּתֹבֶת קַעְקַע

דִּיזֶנְגוֹף פִּנַּת פְרִישְׁמַן, בַּלַּיְלָה, כְּמוֹ בָּשָׂר בְּבָשָׂר,
בֵּית הַמִּטְבָּחַיִם שֶׁל מַה שֶּׁהָיִיתִי, שֶׁל מַה שֶּׁנִּשְׁאַר.
בְּצַמְּרוֹת הָעֵצִים עוֹבֶרֶת רוּחַ בְּהִתְגַּנְּבוּת יְחִידִים,
הֶבֶל הַיֹּפִי הוּא הֶבֶל לֹא מִכָּאן,
וּבֵינְתַיִם, כְּמוֹ בְּהַמְרָאָה פִּרְאִית, כְּמוֹ בִּנְחִיתָה רַכָּה,
נֶחֱרֶת לִי בַּוְּרִידִים נֶשֶׁר שֶׁל כְּתֹבֶת קַעְקַע.

TATTOO OF AN EAGLE

Night comes to the Dizengoff corner of Frishman,
flesh on flesh, the slaughterhouse
of what I was, of what remains. A stealthy breeze
stalks the treetops, the vanity
of beauty is out of this world, and in the meantime
as in a wild take-off, as in a soft landing
an eagle is tattooed on my veins.

פוטו רֶצַח

אָז מָה אִם בָּאתִי לְכָאן מֵהַמָּקוֹם שֶׁפַּעַם עָבַר בּוֹ גַּן־עֵדֶן.
אָבִי לֹא דִּבֵּר מֵעוֹלָם עַל הַפְּרָת וְהַחִדֶּקֶל אוֹ עַל הַשְּׂרִירִים
שֶׁעָבְרוּ בְּיָדָיו הַשּׁוֹחוֹת, אֲבָל בַּתְּמוּנוֹת הִזְדַּקְּרוּ הָרֵי הָעַד
וּפִרְחֵי הַגְּלַדְיוֹלָה שֶׁקְּצִינִים בְּרִיטִים שָׁתְלוּ לְמַזְכֶּרֶת בַּחֲצַר בֵּיתָם.
בְּגִיל 3, בְּחוֹלוֹת בַּת־יָם, הִלְבִּין הָעוֹלָם מֵהַכְּבָסִים שֶׁיְּדֵי
הַנָּשִׁים הֶחָרוּצוֹת נוֹפְפוּ בָּרוּחַ,
בֶּן־גּוּרְיוֹן נָאַם בְּכָל בְּחִירוֹת
וּמוֹרִיס שֶׁבַלְיֶה בְּמִגְבַּעַת לְבָנָה הֵקַף בְּבַחוּרוֹת עַל לוּחַ הַמּוֹדָעוֹת
בַּחֲזִית הַקּוֹלְנוֹעַ.
אוּלַי בִּגְלַל זֶה אָהַבְתִּי אֶת מֶרִילִין מוֹנְרוֹ שָׁעָה שֶׁנָּגַעְתִּי
בְּאָמֵרִיקָנִית אַחַת שֶׁבָּאָה לַעֲבֹר עוֹד קַיִץ בִּכְפַר הַיָּרֹק.
דִּבַּרְתִּי אַנְגְּלִית מְגֻמְגֶּמֶת מוּל סוּסֵי רָמַת הַשָּׁרוֹן וְשַׁרְשֶׁרֶת הַזָּהָב
שֶׁגִּנְדְּרָה אֶת צַוָּארָהּ עוֹד בִּרְחוֹבוֹת נְיוּ יוֹרְק.
מִשְׁבְּרֵי הַמִּלִּים נִרְשְׁמָה הַהוֹדָאָה בָּאַשְׁמָה,
מִשְׁבְּרֵי הַמִּלִּים נִבְרְאוּ רַגְלֶיהָ שֶׁל ש׳ וְהַשִּׂמְלוֹת הַקְּצָרוֹת
הַתְּלוּיוֹת בִּרְחוֹב שְׁלֹמֹה הַמֶּלֶךְ כְּשִׁלְטֵי פִּרְסֹמֶת עַל
אִטְלִיז הַגּוּף.

SNAPSHOT

So what if I come from the place where Paradise once flowed?
My father never spoke of the Euphrates, nor the Tigris, nor the muscles
rippling down his swimmers' arms, but I saw in photos the everlasting
mountains and the gladiolas planted as courtyard mementos
by British officers. When I was three, in the dunes of Bat Yam, the
world turned white
with laundry, flapping in the hands
of hard-working women.
Ben Gurion gave speeches at each election
and on the billboard in front of the cinema, girls
surrounded Maurice Chevalier in his white Panama hat.
Maybe that's why I loved Marilyn Monroe when I touched
an American girl working her second summer at the Green Village.
I stuttered in English in front of the horses stabled at Ramat
Hasharon and the gold chain
she already wore on the streets of New York.
From shards of words guilt was admitted and recorded,
from shards of words Sh.'s legs were created
and the short skirts hanging in King Solomon Street like billboards
on the butchershop of the body.

בִּתְשׁוּבָה לַשְּׁאֵלָה: מָתַי הִתְחִיל הַשָּׁלוֹם שֶׁלְּךָ?

עַל קִיר בֵּית הַקָּפֶה שֶׁלְּיַד הַמַּעְבָּרָה
תָּלוּ אֶת שְׂעָרוֹ הַמִּתְגָּרֶה בָּרוּחַ שֶׁל דָּוִד בֶּן־גּוּרְיוֹן
וּלְיָדוֹ, בְּמִסְגֶּרֶת דּוֹמָה, אֶת פְּנֵי הַסְּפִּנְגָּנְיָה שֶׁל אוּם
כּוּלְתּ׳וּם.
זֶה הָיָה בִּשְׁנַת 55׳ אוֹ 56׳, וְחָשַׁבְתִּי שֶׁאִם תּוֹלִים
זֶה לְיַד זֶה גֶּבֶר וְאִשָּׁה, אָז הֵם בֶּטַח
חָתָן וְכַלָּה.

קַו הָעֹנִי

כְּאִלּוּ אֶפְשָׁר לִמְתֹּחַ קַו וְלוֹמַר: מִתַּחְתָּיו הָעֹנִי.
הִנֵּה הַלֶּחֶם שֶׁבְּצִבְעֵי אִפּוּר זוֹלִים
נִהְיָה שָׁחֹר
וְהַזֵּיתִים בְּצַלַּחַת קְטַנָּה
עַל מַפַּת הַשֻּׁלְחָן.
בָּאֲוִיר, עָפוּ יוֹנִים בְּמֶטַס הַצְדָּעָה
לְצְלִילֵי הַפַּעֲמוֹן שֶׁבְּיַד מוֹכֵר הַנֵּפְט בָּעֲגָלָה הָאֲדֻמָּה,
וְהָיָה גַּם קוֹל הַנְּחִיתָה שֶׁל מַגָּפֵי הַגּוּמִי בָּאֲדָמָה הַבֹּצִית.
הָיִיתִי יֶלֶד, בַּבַּיִת שֶׁקָּרְאוּ לוֹ צְרִיף,
בַּשְּׁכוּנָה שֶׁאָמְרוּ עָלֶיהָ מַעְבָּרָה.
הַקַּו הַיָּחִיד שֶׁרָאִיתִי הָיָה קַו הָאֹפֶק וּמִתַּחְתָּיו הַכֹּל נִרְאָה
עָנִי.

In Response to the Question: When Did Your Peace Begin?

On the wall of a café near the camp for new immigrants
they hung a photo of Ben Gurion and his windswept hair
and next to it, in a similiar frame, the pancake face
of Umm Kulthum. It was '55
or '56, and I thought that if they hung
side by side, a man and a woman, they must be
bridegroom and bride.

Poverty Line

As if one could draw a line and say: under it
is poverty. Here's the bread wearing cheap makeup
turning black
and here are the olives on a small plate
on the tablecloth.
In the air pigeons fly in salute
to the clanging bell from the kerosene vendor's red cart
and there is the squishing sound of rubber boots landing in mud.
I was a child, in a house called a shack, in a neighborhood
called transit camp for immigrants. The only line
I saw was the horizon, and under it everything seemed
poverty.

עֲבוֹדָה עֲרָבִית

מֵאֵיזֶה חוּט יֵאָרֵג דֶּגֶל הַהַפְגָּנָה
שֶׁל פּוֹעֲלוֹת הַטֶּקְסְטִיל מִדִּיר חַנָּא.
בִּתְעָלוֹת הַשְּׂרִיטָה לְאֹרֶךְ כַּפּוֹת הַיָּדַיִם חוֹתֶרֶת טִפַּת זֵעָה
כִּסְפִינַת עֲבָדִים לְמִפְרַץ הַצַּלָּקוֹת בַּצִּפָּרְנַיִם.
אֲנִי נִזְכָּר בַּשָּׁנִים הָרִאשׁוֹנוֹת שֶׁל אִמָּא שֶׁלִּי בָּאָרֶץ.
עוֹלָה חֲדָשָׁה יוֹשֶׁבֶת בַּחֲדַר מְכוֹנוֹת־הַתְּפִירָה שֶׁל בֵּית הַחֲרשֶׁת
״רֶקֶם״.
מִצְחָהּ חֲרוּשׁ פְּקַעַת חוּטִים,
הָאֶצְבָּעוֹן הוּא קַסְדַּת הַמִּלְחָמָה וְחֶרֶב הַמַּחַט נִדְקֶרֶת בְּבֶטֶן הַבַּד
מִמֶּנּוּ נִתְפְּרוּ בִּגְדֵי הַחַג,
סַרְבְּלֵי הָעֲבוֹדָה
וּמִטְפַּחַת הַדִּמְעָה.

Arab Labor

What thread will the seamstresses from Dir Hanna
use to weave their protest? Drops of sweat
row like a galley of slaves along the canal
of the palm's lifeline
toward the fingernails' bay of scars. I remember
my mother's early years in this country. A new immigrant pedaling
sewing machines in a wing of the Rekem factory.
Her brow wrinkled like a spool, the thimble
like a helmet and the needle a sword stabbing
the belly of the cloth out of which
holiday garments were sewn, and workers' overalls
and the handkerchief of tears.

נִיבָה

רָאִיתִי אוֹתָהּ פַּעַם מוֹרִידָה חֻלְצָה.
לְחָזֶיהָ שֶׁלָּהּ הָיָה צֶבַע שֶׁל צְרִיף בְּמַעְבָּרָה.
בִּשְׁבִיל הַהַגְזָמָה אֲנִי מְתָאֵר אֶת פִּטְמוֹתֶיהָ כְּכַרְבֹּלֶת שֶׁל תַּרְנְגוֹל
שָׁחוּט,
אֶפְשָׁר לַחְשֹׁב שֶׁהִיא אִבְּדָה אֶת בְּתוּלֶיהָ עַל מִטַּת סוֹכְנוּת.
קָרְאוּ לָהּ נִיבָה. הִיא הָיְתָה כְּקֻפְסַת מַמְתַּקִּים שֶׁמָּוֶת הִלֵּךְ בָּהּ.
עַד הַיּוֹם אֲנִי זוֹכֵר שְׁאֵרִיּוֹת שׁוֹקוֹלָד בְּזָוִית הַפֶּה,
אֶת כַּף יָדָהּ שֶׁהִפְרִיחָה עוֹרְבִים אֶל חַלּוֹן פָּרוּץ
וְאֶת הָאֶצְבַּע שֶׁסִּמְּנָה לְהִתְעוֹפֵף מִשָּׁם.

NIVA

Once I saw her take off her blouse.
Her tan bra was the color of a shack in a transit camp for immigrants.
To wax poetic, I compare her nipples to the comb
of a slaughtered cock,
and imagine her losing her virginity on a Jewish Agency cot.
They called her Niva. She was like a candy box with death roaming
inside.
Even now I remember bits of chocolate stuck to the corners of her
mouth,
her palms guiding crows to the broken window
and her fingers urging them to fly away.

הַחֹק הָרִאשׁוֹן שֶׁל הַג׳וּנְגֶל. שִׁיר נֶעְדָּר

הַחֹק הָרִאשׁוֹן שֶׁל הַג׳וּנְגֶל הוּא שֶׁאֵין חֻקִּים,
וּבְעֵמֶק הַמָּוֶת שֶׁל הַפִּילִים, פּוֹתְחָן הָרוּחַ
שׂוֹרֵט אֶת גּוּפְךָ הַנִּדְחָס
בְּקֻפְסַת שִׁמּוּרִים.
לֹא הִכַּרְנוּ, אֲבָל הַמִּלִּים הָרִאשׁוֹנוֹת שֶׁאַבָּא הֵבִיא מִן הָאֱלְפָּן
הָיוּ "מְקוֹם קְבוּרָתוֹ לֹא נוֹדָע", וְהוּא פִּזֵּר אוֹתָן כְּקַוֵּי־אֵשׁ
לְאֹרֶךְ חַיֶּיךָ וְחַיָּיו.
מִישֶׁהוּ סִפֵּר שֶׁרָאוּ אוֹתְךָ, בְּמְטֻשְׁטָשׁ,
בַּמָּכוֹן הַמֵּטֵאוֹרוֹלוֹגִי שֶׁבְּבֵית־דָּגָן
וּבַלַּיְלָה חָזַר, נוֹשֵׂא אֶת שִׁמְךָ
כְּשַׂק תַּפּוּחֵי אֲדָמָה.
הַסַּכִּין שֶׁצְּרִיכָה הָיְתָה לַחְתֹּךְ בִּקְלִפַּת הַגַּעְגּוּעִים
נָחָה בַּמְּגֵרָה,
מֻשְׁחֶזֶת בְּפַנְטַזְיוֹת בָּהֶן שָׁלַפְתִּי אוֹתְךָ מִשִּׁנֵּי אֲרָיוֹת.
הָיִיתִי בֶּן אַרְבַּע, וְגַם לִלְשׁוֹנוֹת הָאֵשׁ מִן הַפְּתִילִיָּה
הָיָה לֹעַ שֶׁל דְּרָקוֹן.

FIRST LAW OF THE JUNGLE. POEM FOR A SOLDIER MISSING IN ACTION

First law of the jungle: there are no laws
and in the elephants' valley of death, the wind's can opener
scratches your body squeezed
into a can of preserves.
We didn't know each other yet, but the first Hebrew words Father
brought home from the *ulpan* were "the place of his burial
is unknown," scattering them like fire lines along your life
and his. Somebody said maybe it was you
at Beit–Dagan's Meteorological Institute
and him returning at night, carrying your name
like a sack of potatoes.
The knife that should have sliced the crust
of longing lies in the drawer, honed
by fantasies of rescuing you from lion fangs.
I was four years old, and the tongues of flame
from the kerosene stove
leapt out of a dragon's gullet.

שִׁיר גַּעְגּוּעִים

אֲנִי מִתְגַּעְגֵּעַ לַקְּפִיצוֹת הַקִּרְקָסִיּוֹת
שֶׁסַּבָּא הָיָה קוֹפֵץ כְּדֵי לַעֲבֹר
מִמַּדְרֵגָה אַחַת לְמַדְרֵגָה שְׁנִיָּה.
שָׁם, עַל הַמַּרְצָפוֹת שֶׁקָּפְאוּ בַּקֹּר
בִּרְצִיף הֶרְבֶּרְט סַמוּאֵל
לְיַד הַמַּעֲקֶה הַכָּתֹם
לְיַד הַיָּם.
הֵיכָן שֶׁסַּבָּא הָיָה מְדַבֵּר
וְחוֹלֵם, חוֹלֵם וּמְדַבֵּר. עַכְשָׁו
אֲנִי לֹא זוֹכֵר עַל מָה, אֲבָל
הַמִּלִּים הָיוּ מִסְתּוֹבְבוֹת לוֹ עַל הַשְּׂפָתַיִם
בְּשִׁבְעִים וּשְׁמוֹנָה סִיבוּבִים בְּדַקָּה כְּמוֹ עַל
פְּלַטָה כְּבֵדָה שֶׁל גְּרָמוֹפוֹן יָשָׁן, וְסַבָּא הָיָה
מוֹרִיד אֶת הָרֹאשׁ כְּדֵי לַחְתֹּךְ אֶת הָרוּחַ.
וְהַשְּׂפָתַיִם שֶׁלּוֹ הָיוּ מַבְרִיקוֹת מִטִּפּוֹת הַקּוֹנְיָאק שֶׁל הַחֲגִיגוֹת
הֵיכָן שֶׁהָיִינוּ מְדַבְּרִים כָּל אֶחָד בְּשָׂפָה אַחֶרֶת עַל אוֹתָן יְלָדוֹת
הֵיכָן שֶׁהַשָּׁדַיִם שֶׁלָּהֶן הָיוּ נִלְחָצִים בָּאֶצְבָּעוֹת שֶׁלָּנוּ הַקָּשׁוֹת
הֵיכָן שֶׁהָיִינוּ מְכַבִּים בְּאוֹתָהּ מַאֲפֵרָה אֶת הַסִּיגַרְיוֹת הָאַחֲרוֹנוֹת

POEM OF LONGING

I long for Grandpa's acrobatics
as he leapt
from one sidewalk
to another. There, at Herbert Samuel Plaza
on freezing slabs of pavement
by the orange banister
near the sea.
Where Grandpa talked
and dreamed, dreamed and talked. Now
I don't remember about what, but
words flew round his lips
like a record spinning
on an old gramophone at 78 rpm, and Grandpa
bowing his head to cut the wind.
And drops of brandy from the day's celebration
shining on his lips where we were talking, each
in a different language
about the same girls, the same breasts
our rough fingers pinched and where
we snuffed out our last cigarette
in the same ashtray.

סוֹלוֹ עֲרַאק

1

נְמָלִים שְׁחוֹרוֹת מְטַפְּסוֹת בִּקְצוֹת הָאֶצְבָּעוֹת,
צָהֹב מְנִיקוֹטִין
טוֹבֵל בִּקְצֵה הַכּוֹס עָלֶה שֶׁל נַעְנָע.
הָאַלְכּוֹהוֹל מְפָרֵק אֶת "קְלֵאוֹפַּטְרָה" שֶׁל עַבְּד אַל־וַהַאבּ
הַכֹּל בָּרוּר עַכְשָׁו
סוֹלוֹ כִּנּוֹר
סוֹלוֹ חָלִיל
סוֹלוֹ עוּד

אֲנַחְנוּ סוֹלוֹ עֲרַאק

2

חֲצִי אִשָּׁה חֲצִי דָּג
מְקַעְקְעִים לוֹ בַּזְּרוֹעַ
קָרוֹב לְכַף הַיָּד.
הַחֲבֵרָה שֶׁלּוֹ מְאַפֶּרֶת לָהּ פַּסִּים שְׁחֹרִים מִתַּחַת לָעֵינַיִם
פּוּדְרָה בַּלְּחָיַיִם

יֵשׁ לָהּ צַלָּקוֹת בַּשָּׁד

3

הָרְחוֹב סוֹגֵר עָלֵינוּ סוֹרְגִים
בַּרְזֶל רַךְ,
מִלִּים מִתְפַּזְּרוֹת בַּשְּׂפָתַיִם
חוֹל בָּעֵינַיִם.
פַּעַם בַּמּוֹסָד שָׁמַעְתִּי יֶלֶד אַמִּיץ שָׁר:
"מִצְפֵּה יָם עָטוּף גְּדֵרוֹת
וּמִסְּבִיבִי 4 קִירוֹת
וְסוֹרְגִים לִי בַּחַלּוֹן
בְּכָל פִּנָּה"

SOLO ARAK

1
Black ants crawl over nicotine-stained fingertips
dipping a mint leaf into the glass.
The alcohol dismantles Abd al-Wahab's "Cleopatra."
Now all is clear
solo violin
solo flute
solo oud

we're solo arak

2
Half woman half fish
tattooed on his arm
close to the palm.
His girlfriend applies make up:
black stripes under the eyes
powder on her cheeks

she has scars on her breast

3
The street closes in on us with bars
of soft iron
words scatter on lips
sand in the eyes.
Once at the Home I heard a brave boy singing:
"Mitzpeh Yam is wrapped up in fences
and around me are 4 walls
and bars in the window
at every corner"

וּבַחַלּוֹן הָיָה הַיָּם שֶׁל הֶרְצְלִיָּה
מָרוּחַ בְּ״וֶלְוֶטָה״
מִתְעוֹרֵר בְּחוֹף עַל דּוּנָם שֶׁל שָׁדַיִם
קַיִץ
אַחַר
קַיִץ

4
מִתַּחַת לְבִטְנוֹ
בַּלַּיְלָה
עָשָׂה אַהֲבָה.
כָּל גּוּפוֹ הָיָה בְּסוֹף אֶצְבְּעוֹתָיו

כֶּתֶם סָמִיךְ מִתַּחַת לַשְּׂמִיכָה

5
רוֹצֶה כְּבָר לִהְיוֹת גֶּבֶר כְּמוֹ קְלַרְק גֵּיבְּל
עִם שְׂפָתַיִם תְּפוּחוֹת וּבְרִילַנְטִין בַּשְּׂעָרוֹת

שֶׁיִּהְיֶה לוֹ כֹּחַ לְכַמָּה שְׁנִיּוֹת
שֶׁיִּהְיֶה לוֹ כֹּחַ לְכַמָּה אֲנָחוֹת
שֶׁיִּהְיֶה לוֹ כֹּחַ לַחֲלֹף עִם הָרוּחוֹת

6
הָרְחוֹב סוֹגֵר עָלֵינוּ סוֹרְגִים.
בַּגּוּף
הָעֲצָמוֹת הוֹפְכוֹת רַכּוֹת
סְפוּגוֹת
קַלּוֹת לִנְגִיסָה

וּבְמֶרְחָק שֶׁל כַּמָּה נְבִיחוֹת כֶּלֶב מְגֻדָּל מְחַרְחֵר אַהֲבָה

and in the window was the sea of Herzliya
smeared with Velveeta
waking up on the beach on a *dunam* of breasts
summer
after
summer

4
At night
he made love
below his stomach.
His whole body at his fingertips

a thick stain under the blanket

5
Wants to be a man already, like Clark Gable
with full lips and brilliantined hair

only to have strength for a few seconds
only to have strength for a few moans
only to have strength to be gone with the wind

6
The street closes in on us with bars
in the body
the bones turn soft
soaked
easy to bite from

and only a few barks away a burly dog grunts love

סוד

אוּלַי לֹא צָרִיךְ לְסַפֵּר אֶת זֶה,
אֲבָל אִמָּא שֶׁלִּי בָּכְתָה כְּשֶׁלְּפֶתַע שָׁמְעָה אֶת
״קְלֵיאוֹפַּטְרָה״.
אָז מִי אַתָּה אָדוֹן עַבְּד אֶל־וַהַאבּ שֶׁתִּקַּח מַלְכָּה מִצְרִית
מִסֵּפֶר הַהִיסְטוֹרְיָה וּתְתַרְגֵּם אוֹתָהּ לִדְמָעוֹת בְּסֵפֶר
הַזִּכְרוֹנוֹת שֶׁל אִמִּי.
וְאַתְּ, קְלֵיאוֹפַּטְרָה, שׁוֹבֶרֶת לְבָבוֹת בְּפֹּקֶר הַנּוֹסְטַלְגְּיָה
בִּרְחוֹב קָטָן בְּרָמַת גַּן, הַאִם אַתְּ זוֹכֶרֶת אֶת שְׂרִידֵי הָעֲבָדִים
שֶׁשָּׁלוּ פְּנִינִים כְּדֵי לְפָאֵר אֶת כִּתְרֵךְ, אֶת הַגְּרוֹנוֹת שֶׁחָנַקְתְּ
בְּבָתֵּי הַקָּפֶה שֶׁל בַּגְדָּד וְאֶת הָרוּחַ שֶׁהִכְּתָה בַּדְּלָתוֹת
שֶׁחָרְקוּ צִירִים עַל מִפְתַּן בֶּטֶן שֶׁהִסְתִּירָה סוֹד.

מִזְּמַן לֹא כָּתַבְתִּי בִּצְפִיפוּת כָּזֹאת אֶת הַמִּלִּים ׳נוֹסְטַלְגְּיָה׳,
׳דְּמָעוֹת׳ אוֹ ׳זִכְרוֹנוֹת׳, אֲבָל הַמִּלִּים הָאֵלֶּה הֵן שִׁנֵּי מַסְרֵק
שֶׁבּוֹ אֲנִי, בִּמְקוֹם שִׁפְחָה מִצְרִית, מְלַטֵּף אֶת שְׂעָרֵךְ.
שֶׁתִּהְיִי יָפָה קְלֵיאוֹפַּטְרָה, שֶׁתִּהְיִי רְאוּיָה לְהָמֵס עוֹד פַּעַם אֶת
קְצֵה הַקַּרְחוֹן שֶׁמִּתַּחְתָּיו מְאַיְּתִים דְּגֵי זָהָב אֶת הַמִּלָּה ׳שֶׁמֶשׁ׳
מִתּוֹךְ הַזִּכָּרוֹן.

SECRET

Maybe I shouldn't tell this
about my mother, but she wept whenever she heard
"Cleopatra."
So who are you Mr. Abd el-Wahab, filching an Egyptian queen
from a history book and translating her into tears
in my mother's book of memories.
And you, Cleopatra, hearts breaking in the nostalgia
of a poker game on a small street in Ramat Gan, do you
remember the muscular slaves drawing pearls
out of the deep to glorify your crown, the throats
you choked in the cafés of Baghdad and the wind
smiting down doors, making them creak on their hinges
at the threshold of a belly hiding a secret.

It's a long time since I crowded together the words *nostalgia,*
tears, or *memories,* but these words are the teeth of a comb
with which I, not some Egyptian handmaid, run through your hair.
May you be beautiful, Cleopatra, may you be worthy
once more of melting the iceberg's tip under which goldfish
spell *sun* by heart.

גַּן־עֵדֶן לְאֹרֶז

סָבְתָא שֶׁלִּי אָסְרָה לְהַשְׁאִיר אֹרֶז בַּצַּלַּחַת.
בִּמְקוֹם לְסַפֵּר עַל הָרָעָב בְּהֹדּוּ וְעַל הַיְלָדִים
נְפוּחֵי הַבֶּטֶן, שֶׁהָיוּ פּוֹעֲרִים פֶּה עַל כָּל גַּרְגֵּר,
הִיא גָּרְרָה בַּחֲרִיקוֹת מַזְלֵג אֶת כָּל הַשְּׁאֵרִיּוֹת
לְמֶרְכַּז הַצַּלַּחַת וּבְעֵינַיִם כִּמְעַט דּוֹמְעוֹת
סִפְּרָה אֵיךְ יַעֲלֶה הָאֹרֶז הַלֹּא אָכוּל
לְהִתְלוֹנֵן אֵצֶל הָאֱלֹהִים.
עַכְשָׁו הִיא מֵתָה וַאֲנִי מְדַמְיֵן אֶת שִׂמְחַת הַמִּפְגָּשׁ
בֵּין שְׁנֶיהָ הַתּוֹתָבוֹת לְשׁוֹמְרֵי הַחֶרֶב הַמִּתְהַפֶּכֶת בְּשַׁעַר
גַּן־הָעֵדֶן שֶׁל הָאֹרֶז.
הֵם יִפְרְשׂוּ, מִתַּחַת לְרַגְלֶיהָ, שְׁטִיחַ אֹרֶז אָדֹם
וְשֶׁמֶשׁ אֹרֶז צָהֹב תַּכֶּה עַל
לֹבֶן גּוּפָן שֶׁל יְפֵהפִיּוֹת הַגַּן.
סָבְתָא שֶׁלִּי תִּמְרַח שֶׁמֶן זַיִת עַל עוֹרָן וְתַחֲלִיק
אַחַת אַחַת לַסִּירִים הַקּוֹסְמִיִּים בְּמִטְבָּחוֹ שֶׁל אֱלֹהִים.
סָבְתָא, מִתְחַשֵּׁק לִי לוֹמַר לָהּ, אֹרֶז הוּא צֶדֶף שֶׁהִתְכַּוֵּץ
וְאַתְּ נִפְלַטְתְּ כָּמוֹהוּ
מִיָּם חַיַּי.

Rice Paradise

My grandmother forbade us to leave rice
on our plates. She didn't talk about the starving children
in India, their swollen bellies, or how their mouths opened wide
for each grain. Instead, teary-eyed, she scraped leftover rice to the center
of our plates, and told us how it rises
and complains bitterly to God. Now she is dead and I see her smiling
dentures at the gates of rice paradise greeting angels
with flaming swords. A royal carpet of red rice is spread
at her feet, and a sun of yellow rice will strike
white grains, like the beautiful white bodies
of the *houris* in the garden.
My grandmother brushes olive oil
on each grain, slips them one by one into the simmering cosmic pot
in God's kitchen. Grandma, I want to tell her, rice is nothing
but a shell washed ashore
by the sea of my life.

חֵפֶת מַצְנֵחַ

לזכר אבי

אַחֲרֵי שֶׁמֵּת
מָצָאתִי בְּאַרְנָקוֹ אֶת תְּמוּנַת אִמִּי
וְאֶת תְּפִלַּת הַדֶּרֶךְ לַצַּנְחָן שֶׁהֵבֵאתִי לוֹ
פַּעַם מִן הַצָּבָא.
עֲצָבוּת כָּזֹאת, פְּרוּצָה מִפֶּתַח הַמָּטוֹס שֶׁלֹּא יִנְחַת אַף פַּעַם,
הָרוּחַ הַקָּרָה
וְעֵינֵי אִמִּי הַנִּפְרָשׂוֹת כְּחֵפֶת מַצְנֵחַ.

PARACHUTE CANOPY
in memory of my father

After he died I found in his wallet
my mother's photo and the prayer
for paratroopers I once brought home from the army.
Such sadness, breached
from the hatch of a plane
that will never land, the cold wind
and my mother's eyes, wide open
like the canopy of a parachute.

שַׂעֲרָה

בְּבֵית הַקָּפֶה אֲנִי רוֹאֶה אֶת הַבַּחוּרָה
שֶׁלִּפְנֵי שָׁנִים הִדְבִּיקָה שַׂעֲרָה עַל דַּף
וְכָתְבָה מִתַּחְתֶּיהָ, בְּאוֹתִיּוֹת מְתֻלְתָּלוֹת: ״הִנֵּה
מַשֶּׁהוּ מֵהַגֵּיהִנּוֹם שֶׁעוֹד לֹא הָיִיתָ בּוֹ״.
הַיּוֹם הִיא פָּחוֹת יָפָה מֵהַיָּמִים שֶׁהָיָה אֶפְשָׁר לִכְתֹּב ׳גֵּיהִנּוֹם׳
וּלְהִתְכַּוֵּן לְ׳גַן־עֵדֶן׳, וְגַם עַכְשָׁו הִיא מְעַט מְהַסֶּסֶת לְיַשֵּׁר מַבָּט.
אֲנִי מֵנִיף יָד כְּדֵי לְהַסְתִּיר אֶת פָּנַי, וּכְשֶׁהָאֶצְבָּעוֹת מְגָרְפוֹת
בְּגַנַּת הָרֹאשׁ אֲנִי יוֹדֵעַ שֶׁמַּעְדֵּר הַזְּמַן נִכֵּשׁ שָׁם
שְׂעָרוֹת רַבּוֹת.
״אָז מָה הָיָה לָנוּ״, תִּשְׁאַל עוֹד מְעַט הַמֶּלְצָרִית שֶׁתָּבוֹא
לְנַקּוֹת אֶת הַשֻּׁלְחָן, וַאֲנִי אֲפָרֵט אֶת מִין הָעוּגָה וּמִין הַקָּפֶה
וְאֶמְחַק מִתַּפְרִיט הַזִּכָּרוֹן אֶת עוֹר הֶחָלָב שֶׁלָּהּ.

STRAND OF HAIR

At the café I see the girl
who years ago pasted
a strand of her hair on a sheet
of paper and scribbled under it, in curly letters: "Here
is something from the hell you haven't yet been to."
Today she is less beautiful than in those days
when you could write "hell" and mean "paradise"
and even now she avoids looking at me.
I wave a hand to hide my face and when my fingers
rake my head's garden, I know that many hairs
have been weeded by time's hoe.
"So, what did we have?" the waitress will soon ask
when she comes to clean the table, and I'll elaborate
on the kind of cake and the kind of coffee
and wipe her milky skin from memory's menu.

בַּגְדַּד, פֶבְּרוּאַר 91

בָּרְחוֹבוֹת הַמְּפֻגָּזִים הָאֵלֶּה נִדְחֲפָה עֶגְלַת הַתִּינוֹק שֶׁלִּי.
נַעֲרוֹת בָּבֶל צָבְטוּ בִּלְחָיַי וְנוֹפְפוּ כַּפּוֹת תְּמָרִים
מֵעַל פְּלוּמַת שְׂעָרִי הַבְּלוֹנְדִּינִי.
מַה שֶּׁנִּשְׁאַר מֵאָז הִשְׁחִיר מְאוֹד,
כְּמוֹ בַּגְדַּד
וּכְמוֹ עֶגְלַת הַתִּינוֹק שֶׁפִּנִּינוּ מִן הַמִּקְלָט
בִּימֵי הַהַמְתָּנָה שֶׁלִּפְנֵי מִלְחָמָה אַחֶרֶת.
הוֹ חִדֶּקֶל הוֹ פְּרָת, נַחֲשֵׁי הַתַּפְנוּקִים בַּמַּפָּה הָרִאשׁוֹנָה שֶׁל חַיַּי,
אֵיךְ הִשַּׁלְתֶּם עוֹר וְהֱיִיתֶם לִצְפָעִים.

BAGHDAD, FEBRUARY 1991

Along these bombed-out streets I was pushed in a baby carriage.
Babylonian girls pinched my cheeks and waved palm fronds
over my blond down.
What's left from then became very black
like Baghdad
and the baby carriage we removed from the shelter
the days we waited for another war.
Oh Tigris, oh Euphrates, pet snakes in the first map of my life,
how you shed your skin and became vipers.

שִׁיר עַל בְּרֶנֶר עִם צְרִיחַת סוֹגְרַיִם שֶׁל א״נ

יוֹם לִפְנֵי שֶׁנִּרְצַח בָּא עַרְבִי לְבֵיתוֹ
לְחַפֵּשׂ תִּינוֹק שֶׁהָלַךְ לְאִבּוּד.
כְּשֶׁנִּטְרְקָה הַדֶּלֶת יָדַע בְּרֶנֶר שֶׁהַתִּינוֹק זֶה
הוּא.
בִּסְבַךְ יַעֲרוֹת הָעַד שֶׁהָפְכוּ לְזָקָן עַל פָּנָיו הֵחֵל עֵץ זַיִת
לְהַכּוֹת אֶת שָׁרָשָׁיו.

(קָרָאתִי אֶת הַשּׁוּרוֹת הָאֵלֶּה לְא״נ שֶׁצָּרַח שֶׁיֵּשׁ אֱמֶת הִיסְטוֹרִית, אֱמֶת קִיּוּמִית וֶאֱמֶת פּוֹאֶטִית וּבְתוֹכָהּ מִצְטַמְצֶמֶת הַשִּׁירָה כִּבְקֻפַּת חִסָּכוֹן חֲשׁוּכָה כְּתֵבַת נְגִינָה. הָאֱמֶת הַהִיסְטוֹרִית הִיא שֶׁחָסְכוּ חֲצִי לִיטֶר דֶּלֶק לְהַצָּלַת הַסּוֹפֵר שֶׁל הַדּוֹר.)

לַמָּחֳרָת מָחֲקוּ יְרִיּוֹת אֶת הָרוֹמַנְטִיקָה
וְרַגְלֵי הָאוֹטוֹמוֹבִּיל שֶׁצָּרִיךְ הָיָה לְהַצִּיל הִתְקָרְרוּ בְּאֶמְצַע שְׁבִיל
קְלִפּוֹת הַתַּפּוּזִים.
אוֹ בְּמִלִּים אֲחֵרוֹת: לַנֶּהָג רָעֲדוּ הַבֵּיצִים
וְלִבְרֶנֶר כָּרְתוּ אוֹתָן, בַּלַּיְלָה.

POEM ABOUT BRENNER WITH A.N.'s SHOUT IN PARENTHESIS

A day before Brenner's murder an Arab came to his house
searching for a lost baby.
When the door slammed Brenner knew that he
was the baby.
In the thick jungle that was his beard an olive tree
began striking roots.

(I read these lines to A. N. who shouted that here was an historical truth,
an existential truth, a poetic truth where inside poetry crouched
as if in a treasure box dark as a barrel organ. The historical truth
was that a half litre of gasoline was saved by not racing
to the greatest writer of that generation.)

A day later shots annulled romanticism
and the legs of the rescue automobile
grew cold in the midst of a trail strewn with orange peels.
In short: the driver's balls quivered
while Brenner's were hacked off, at night.

בַּדֶּרֶךְ לַעֲרָד

הַכְּבָשִׂים הַלְּבָנוֹת בַּדֶּרֶךְ לַעֲרָד
כְּמוֹ שְׁנֵי חָלָב בְּלֶסֶת הַמִּדְבָּר.
הַמִּלְחָמָה נִמְשֶׁכֶת,
הַזְּאֵב שֶׁיָּגוּר אִתָּן עֲדַיִן לֹא נוֹלַד.

On the Way to Arad

The white lambs on the way to Arad
are like milk teeth in the desert's jaw.
The war goes on, the wolf
who will dwell among them not yet born.

$\underline{2}$

הַנָּמֵר וְנַעַל הַזְּכוּכִית

אִי אֶפְשָׁר לְתָאֵר נָמֵר בְּלִי אֵיזוֹ חֲתִיכַת
מִדְבַּר יְהוּדָה.
בְּוָאדִי קֶלְט, לְיַד תַּחֲנַת הַקֶּמַח הַנְּטוּשָׁה
הוּא הַנָּסִיךְ הַמּוֹדֵד לַעֲקֵב הָהָר
אֶת נַעַל הַזְּכוּכִית.
פַּעַם מְנוֹעֵי הַמַּיִם הָיוּ דְּפִיקוֹת הַלֵּב,
עַל הַשִּׂיחִים רַחֲבֵי הֶעָלִים נִתְלוּ תַּפּוּחֵי סְדוֹם
וְסִינְדֶּרֶלָּה מִדְבָּרִית קָשְׁרָה צָעִיף לַמָּתְנַיִם
לִזְרֹם יְחֵפָה בְּמוֹרַד
נַחַל פְּרָת.
רָצִיתִי לְהַגִּיד לָהּ שֶׁפָּנֶיהָ נֶחְצְבוּ מִסֶּלַע
שֶׁשְּׂעָרָהּ הַמִּתְנוֹפֵף הוּא הוֹכָחָה לָרוּחַ,
אֲבָל תַּחְבֹּשֶׁת הַבּוּשָׁה חָסְמָה בְּפִי
מִלִּים שֶׁל בֵּית מִרְקַחַת.

THE LEOPARD AND THE GLASS SLIPPER

You can't describe a leopard without referring
to the Judean Desert.
In Wadi Kelt, by the deserted flour mill
he is the prince struggling to fit the glass slipper
over the mountain's heel.
Once the water engines were heartbeats,
and Dead Sea apples hung
from the broad leaves of shrubs
and a desert Cinderella wrapped
a scarf round her hips so she could
float bare-footed down
the Prat stream.
I wanted to tell her that her face
appeared hewn from rock
and that her waving hair gave purpose to the wind
but a bandage of shame taped over my mouth didn't let me
utter my gibberish, like the impossible names of medicine.

נְשִׁיקָה

אֶת נַעֲלֵי הֶעָקֵב הִמְצִיאָה בַּחוּרָה
שֶׁתָּמִיד נִשְּׁקוּ אוֹתָהּ בַּמֵּצַח.
מֵאָז מַבְרִיק הַמֵּצַח כְּמִשְׁחַת נַעֲלַיִם
וּמִבְרֶשֶׁת הַגַּבּוֹת לֹא מַפְסִיקָה לְצַחְצֵחַ
אֶת חַשְׁמַל הָעַיִן, אַחֲרֵי הַפִּצּוּץ
עַל מוֹקְשֵׁי הַשְּׂפָתַיִם.
אֲנִי זוֹכֵר אֶת הַנְּשִׁיקָה הָרִאשׁוֹנָה, לְיַד עֵץ לִימוֹן רֵיק
מֵעָלִים. מִישֶׁהוּ אָמַר לָנוּ שֶׁאִם נְשַׁפְשֵׁף אֶת הַשִּׁנַּיִם בְּעָלֶה יִמָּחֵק
רֵיחַ
הַסִּיגַרְיוֹת. לָעֲרָפֶל הָיוּ אָז אֶצְבָּעוֹת דַּקּוֹת. צַוָּאר הָעִיר הָיָה רָחָב,
מְסֹרָב חֲנִיקָה וְהַבַּחוּרָה שֶׁרָצִיתִי לֹא יָדְעָה שֶׁרֵיחַ הַלִּימוֹן בֵּין
הַשִּׁנַּיִם
לַלָּשׁוֹן נִמְרַח בַּדִּמְיוֹן עַל שְׂפַת הַפָּנִים שֶׁלָּהּ.

KISS

High-heeled shoes were invented by a girl
who was always kissed on her forehead.
Since then the forehead gleams like shoeshine
and the eyebrow brush keeps on polishing
the eye's electricity, after the mines on her lips explode.
I remember my first kiss near a leafless lemon tree.
Someone told us if we rubbed our teeth
with a leaf, we wouldn't smell of cigarettes.
The fog had thin fingers. The city's neck was wide, choke refused
and the girl I desired couldn't know I imagined the scent
of lemon between tongue and teeth wafting
along the riverbank of her lips.

נִקְמַת הַיֶּלֶד הַמְּגַמְגֵּם

הַיּוֹם אֲנִי מְדַבֵּר לְזֵכֶר הַמִּלִּים שֶׁפַּעַם נִתְקְעוּ לִי
בַּפֶּה,
לְזֵכֶר גַּלְגַּלֵּי הַשִּׁנַּיִם שֶׁפּוֹרְרוּ הֲבָרוֹת
מִתַּחַת לַלָּשׁוֹן וְהֵרִיחוּ אֶת אֲבַק הַשְּׂרֵפוֹת
בָּרֶוַח בֵּין הַלֹּעַ לַשְּׂפָתַיִם הַחֲשׁוּכוֹת.
חָלַמְתִּי אָז לְהַבְרִיחַ אֶת הַמִּלִּים שֶׁנֶּאֶרְזוּ כִּסְחוֹרוֹת גְּנוּבוֹת
בְּמַחְסָנֵי הַפֶּה,
לִקְרֹעַ אֶת אֲרִיזוֹת הַקַּרְטוֹן וְלִשְׁלֹף אֶת
צַעֲצוּעֵי הָאלי״ף־בי״ת.
הַמּוֹרָה הָיְתָה מַנִּיחָה יָד עַל כְּתֵפִי וּמְסַפֶּרֶת שֶׁגַּם מֹשֶׁה
גִּמְגֵּם וּבְכָל זֹאת הִגִּיעַ לְהַר סִינַי.
הָהָר שֶׁלִּי הָיָה יַלְדָּה שֶׁיָּשְׁבָה
לְיָדִי בַּכִּתָּה, וְלֹא הָיְתָה לִי אֵשׁ בִּסְנֶה הַפֶּה
כְּדֵי לְהַבְעִיר, לְנֶגֶד עֵינֶיהָ,
אֶת הַמִּלִּים שֶׁנִּשְׂרְפוּ בְּאַהֲבָתִי אוֹתָהּ.

RETORT OF THE STUTTERING BOY

Today I speak in memory of words
that once stuck in my throat, of teeth grinding
syllables under my tongue, of powder burns in the gap
between gullet and darkened lips. Back then
I dreamed of smuggling out words, like stolen gifts
in the mouth's storeroom, ripping the cardboard apart
and pulling out alphabet toys.
The teacher would lay her hand on my shoulder, tell
how Moses stuttered too, nonetheless
he arrived at Mount Sinai. My Sinai was a girl
who sat at the desk next to mine and I
with no way to say, no burning bush
to set before her, no ardent words
seared with love.

סְמַרְטוּט רָקוּם. שִׁיר עַל אוּם כּוּלְת׳וּם

הָיְתָה לָהּ שִׂמְלַת עֶרֶב שְׁחֹרָה
וּפְטִישֵׁי קוֹלָהּ דָּפְקוּ מַסְמְרֵי פְּלָדָה
בְּמַרְפֵּק שֶׁהֶשְׁעַן עַל שֻׁלְחַן בֵּית הַקָּפֶה
בְּכִכַּר סְטְרוּמָה.
״הִרְגַּלְתִּי אֶת עֵינַי לִרְאוֹת אוֹתְךָ
וְאִם לֹא תָּבוֹא יוֹם אֶחָד
יִמָּחֵק הַיּוֹם הַהוּא מֵחַיַּי״.
אֲנִי בָּאתִי וּמָחַקְתִּי בִּסְפוֹג נֶשֶׁר עֲנָק שֶׁצֻּיַּר בְּגִיר
עַל פִּסַּת עָנָן.
מִתַּחַת לִכְנָפָיו הִתְנוֹפֵף סְמַרְטוּט רָקוּם
שֶׁאַחֲרֵי שָׁנִים קָשַׁר לְלוּלְאַת מִכְנָסָיו
טַבַּח הַבָּסִיס בִּבְאֵר אוֹרָה.
בִּקַּשְׁתִּי מִמֶּנּוּ כַּמָּה תַּפּוּזִים
וּבְטֵיפּ הַקָּסֶטוֹת שׁוּב הִשְׁחִירָה שִׂמְלָתָהּ.
הוּא עָצַם בְּעֵינָיו אֶת אֵדֵי אֲרוּחַת הַצָּהֳרַיִם וְקִלֵּף תַּפּוּחֵי אֲדָמָה.
מִי זוֹ שֶׁשָּׁרָה, נִסִּיתִי, אוּם כּוּלְת׳וּם?
הוּא נֶעֱנַע בְּרֹאשׁוֹ.
מִצִּדּוֹ יָכֹלְתִּי לְשַׁדֵּד אֶת הַמִּטְבָּח כֻּלּוֹ.

EMBROIDERED RAG. A POEM ABOUT UMM KULTHUM

She wore a black evening gown
and the hammers of her voice pounded steel nails
into an elbow leaning on a table
at the café in Struma Square.
I've trained my eyes on you
and if you don't come one day
I'll erase that day from my life.
I came with a sponge and erased a huge chalk eagle
sketched on a scrap of cloud.
Under its wings an embroidered rag waved
that years later the cook at the Be'er Orah base
tied to the loop of his pants.
I asked for some oranges
and her gown darkened again in the cassette.
The odors of lunch sealed in his eyes as he peeled potatoes.
Who's the singer, I tried, *Umm Kulthum?*
He nodded.
He couldn't care less if I cleaned out the whole kitchen.

ג'וֹנִי

הַיְּדִיעָה עַל מוֹתוֹ שֶׁל ג'וֹנִי וַיְסְמִילֶר שׁוּדְרָה בְּטֶנְדֶּר צְבָאִי
בַּדֶּרֶךְ לְבֵית־לִיד.
הָרֹאשׁ שֶׁהֻפְנָה לַגּ'וּנְגֶּלִים מָצָא אֶת פַּרְדֵּסֵי־הַשָּׁרוֹן.
בְּיָנוּאַר 84 גַּם פַּרְדֵּס הוּא אַטְרַקְצְיָה,
גַּם מַמְטֵרָה אוֹ
קִלְשׁוֹן.
אֵין מַה לַּעֲשׂוֹת, אֶרֶץ־יִשְׂרָאֵל לֹא גָּרָה כָּאן יוֹתֵר.
מֵאֶגְרוֹף הַלֵּב שֶׁל רַבִּי יְהוּדָה הַלֵּוִי נִשְׁאַר הַגּוּף
וּבְמַרְתֵּף אֶחָד בִּרְחוֹב הַנּוֹשֵׂא אֶת שְׁמוֹ אֲנִי יָכוֹל
לְהַגִּיד לְמִישֶׁהִי: נִדְלַקְתִּי
וְהִיא: אִם נִדְלַקְתָּ תַּרְאֶה אֶת הַמָּנוֹעַ שֶׁלְּךָ.

אֵיזֶה עוֹלָם נִפְלָא
עִם קְפִיצוֹת מָוֶת מֵעָנָף לְעָנָף,
אֵיזֶה צִפּוֹרֵי חֹרֶף הַמִּסְתַּתְּרוֹת בָּאֹפֶק כִּבְתַחְתּוֹנֵי אִשָּׁה.

JOHNNY

I learned of Johnny Weismueller's death over the loudspeaker
of an army van
on the way to Beit Lid.
No jungle, only the orchards of the Sharon.
In January '84 even an orchard was sensational, even
a sprinkler, or
a pitchfork.
Nothing to be done. The Land of Israel doesn't live here anymore.
All that remains of Rabbi Yehuda Halevi's fist of a heart
is the body and in a basement on the street bearing his name
I can say to somebody: *I'm turned on*
and she: *If you're turned on show me your engine.*

What a wonderful world performing
death-defying leaps from bough to bough, what
wintry birds hidden under the horizon like inside a woman's panties.

הַמְּתוֹפֵף שֶׁל הַמַּהְפֵּכָה

עַל הַסְּדִינִים צִיֵּר גּוּפֵנוּ דֶּגֶל מְקֻמָּט
וְכַפְתּוֹרֵי הַפְּלַסְטִיק עַל הַבְּגָדִים הַמֻּשְׁלָכִים
הָיוּ כְּכַפְתּוֹרֵי זָהָב
עַל מְעִילֵי הַגֶּנֶרָלִים.
הָיִיתִי אָז הַמְּתוֹפֵף שֶׁל הַמַּהְפֵּכָה
וְהִיא אֲבַק הַשְּׂרֵפָה בַּכַּדּוּר שֶׁעֲדַיִן לֹא נוֹרָה.
״אֶת גְּבוּלוֹתֵיהֶן שֶׁל מְדִינוֹת״, אֲנִי קוֹרֵא בְּאִמְרוֹת הַמִּלְחָמָה
שֶׁל נַפּוֹלֵאוֹן, ״קוֹבְעִים נְהָרוֹת גְּדוֹלִים, רִכְסֵי הָרִים אוֹ
מִדְבָּרִיּוֹת. מִכָּל הַמִּכְשׁוֹלִים הָאֵלֶּה קָשֶׁה בִּמְיֻחָד לְהִתְגַּבֵּר עַל
הַמִּדְבָּר״.
הִנֵּה מִדְבָּרִיּוֹת הַגּוּף. הָעוֹר הַחִוֵּר שֶׁשִּׁרְיוֹן הֶחָזִיָּה הָדַף מֵעָלָיו
אֶת כִּידוֹנֵי הַשִּׁזּוּף שֶׁל הַשֶּׁמֶשׁ,
סְנוּוֹר הַצַּוָּאר
וְהָאֶצְבָּעוֹת הַמְּתוֹפְפוֹת בֶּחָלָל רֶגַע לִפְנֵי שֶׁהֵן מִתְכַּוְּצוֹת לַחְפֹּן שָׁלָל.

DRUMMER OF THE REVOLUTION

On the sheets our bodies painted a wrinkled flag
and the plastic buttons on our discarded clothes
were like gold buttons
on a general's uniform.
I became the drummer of the revolution
and she, the gunpowder in the bullet not yet fired.
The boundaries of countries, I read in Napoleon's
meditations on war, *are fixed by big rivers, mountain ranges
or deserts. Of all these obstacles, deserts are the most difficult to overcome.*
Here are the deserts of the body. The bra's armor deflects
the sun's golden lances off the pale skin,
the neck's blinding, and the fingers drumming
in air a moment before they reach to grasp the spoils.

30 שְׁנִיּוֹת לְהִסְתַּעֵר עַל הַפִּטְמָה

הָיוּ לָנוּ 30 שְׁנִיּוֹת לְהִסְתַּעֵר עַל הַפִּטְמָה,
הִיא הָיְתָה גִּבְעָה
שֶׁהִזְדַּקְּרָה בִּקְצֵה מַסְלוּל הַמִּכְשׁוֹלִים שֶׁל בְּסִיס הַטִּירוֹנוּת.
צַוָּארוֹן הַשָּׁמַיִם גֹּהַץ מֵעָלֶיהָ בַּעֲמִילָן הָעֲנָנִים
וְחָאקִי חוּלוֹתֶיהָ הָיָה, בְּנוֹף אַחֵר, שׁוּרָה מִשִּׁיר טֶבַע.
אֲבָל אֵיפֹה שִׁיר וְאֵיפֹה טֶבַע,
כְּשֶׁשְּׁתֵּי מֵימִיּוֹת הִתְנַדְנְדוּ עַל הַמֹּתֶן,
עֻזִּי בַּיָּד
וְאֵת חֲפִירָה לְאֹרֶךְ עַמּוּד הַשִּׁדְרָה.
מַה שֶּׁנִּשְׁאַר הָיָה לְפַטֵּם בַּהֲזָיוֹת אֶת הַפִּטְמוֹת
שֶׁל הַפְּקִידָה הַפְּלֻגָּתִית שֶׁהִתְרַוְּחָה תָּמִיד
בַּגִּ׳יפּ שֶׁל הַמָּגָ״ד
וּלְהִזָּכֵר בַּצַּיָּר גּוֹגֶן שֶׁהִתְלַבֵּט אִם לֶאֱכֹל אֶת הַתַּרְנְגֹלֶת
שֶׁהָיְתָה לוֹ אוֹ לְצַיֵּר אוֹתָהּ.
שָׁם, מוּל הַגִּבְעָה, הָיִינוּ רְעֵבִים מְאוֹד.

30 Seconds to Storm the Tit

We had 30 seconds to storm the Tit, a jutting
hill at the end of the obstacle course in boot camp.
Overhead, clouds ironed the sky's collar with starch
and the khaki sand, in a different landscape, would have been
a line in a nature poem. But where
is a poem and where is nature
with two canteens juggling on my hip,
my hands gripping an Uzi
and a shovel strapped to my spine.
What's left but feeding fantasies to the tits
of the company clerk, reclining as usual
in the colonel's jeep, and remembering how Gauguin
couldn't choose between eating
his chicken or painting it.

There, facing the hill, we were ravenous.

הַבְּתוּלִים

הַבְּתוּלִים תְּלוּיִים כִּבְרֶזֶנְט עַל מְכוֹנִית מַשָּׂא.
בַּחֹרֶף הַזֶּה רוּחַ אֶרֶצְיִשְׂרְאֵלִית יְכוֹלָה לְנוֹפֵף אֲפִלּוּ
אֶת שִׂמְלַת הַלַּיְלָה.
תִּתְלַבְּשִׁי, אֲנִי אוֹמֵר לָהּ, תִּתְלַבְּשִׁי
מֵעֵבֶר לְבֶטֶן הַגְּבָעוֹת גַּם הַיָּפָה שֶׁבַּכַּלָּנִיּוֹת
נִרְאֵית כִּירִיקַת דָּם.

VIRGINITY

The hymen hangs like tarpaulin over a truck.
In this winter an Israeli wind
can make even a nightgown flutter.
Get dressed, I tell her, *Get dressed*.
Beyond the hills' belly even the loveliest anemone
looks like a spit of blood.

דְּיוֹקָן עַצְמִי מִן הַקּוֹמַנְדוֹ

לָרֶצַח הַמֻּשְׁלָם נָחוּץ גּוּשׁ קֶרַח. גְּלִידָיו הַמְּחֻדָּדִים
יַחֲלִיקוּ אֶל עוֹרֵק הַצַּוָּאר
וְדָם יָמֵס אֶת הַטְּבִיעוֹת.
כָּךְ אֶצְבָּעוֹת הַמֻּנָּחוֹת עַל דַּף הַנֶּהְפָּךְ לְצַוָּאר זָקִיף
לִפְנֵי שֶׁהָרַגְלַיִם מְדַלְּגוֹת מֵעַל הַתַּיִל
לִרְקֹד בְּלֵב הַמַּחֲנֶה.
בְּגִיל שְׁמוֹנֶה עֶשְׂרֵה לָעַסְתִּי מַסְמְרִים,
יָרַקְתִּי חֲלֻדָּה
וְרַק בִּגְלַל הַמִּשְׁקָפַיִם לֹא לָקְחוּ אוֹתִי אֶל הַקּוֹמַנְדוֹ.
בְּעֵינֵי פְּקִידַת הַגִּיּוּס נִצְבַּע הַיָּם
וְסִירוֹת מוֹטוֹר טִרְטְרוּ אֶל חוֹף שְׂפָתֶיהָ.
קַח מַצְלֵמָה, הִיא רָצְתָה לוֹמַר לִי, וְצַלֵּם אֶת חַיֶּיךָ,
אִם פַּעַם תְּאַבֵּד אוֹתָם
יִשָּׁאֵר לְךָ לְפָחוֹת
הֶעְתֵּק.

SELF-PORTRAIT FROM THE COMMANDO

The perfect murder needs a block of ice with icicles
to pierce the jugular, blood to melt the prints. Fingers
rest on a page that becomes a sentinel's neck
just as legs leap over barbed wire
to dance in the heart of the camp.
At eighteen I chewed nails, spit out rust
and was turned down from the commando unit
because I wore glasses. The sea
tinting the recruiter's eyes, motor boats
racing to the beach of her lips. *Pick up a camera*
she wanted to tell me, *Shoot your life. If you ever*
lose it at least
you'll have a copy.

לֹבֶן הַפָּנִים

בֶּגֶד בֵּית הַחוֹלִים מְדַיֵּק כְּתָוִית עַל בַּקְבּוּק תְּרוּפָה:
לְהַרְחִיק מֵאֵשׁ, לִשְׁמֹר בְּמָקוֹם יָבֵשׁ, לְשִׁמּוּשׁ חִיצוֹנִי בִּלְבַד.
מִישֶׁהוּ רוֹאֶה אֶת זֶה וְהָעַצְבוּת שֶׁל זוֹ שֶׁהוֹלֶכֶת מִמֶּנּוּ
דּוֹמָה לָאֲוִיר שֶׁנִּפְחוּ בְּגַלְגַּלֵּי הַמַּשָּׂאִיּוֹת שֶׁהֶעֱבִירוּ
טַנְקִים מִצְּפוֹן הָאָרֶץ לִדְרוֹמָהּ,
מַשֶּׁהוּ בִּלְתִּי נִרְאֶה הַמַּסִּיעַ בְּקֹשִׁי אֶת לֹבֶן הַפָּנִים.

PALLOR IN THE FACE

A hospital gown bears instructions, like a filled prescription:
Keep from extreme heat. Store in a dry place.
For external use only.
One look at it and the sadness of the visitor
is like the air pumped into the tires of the trucks which carried
tanks from the north of the country to the south,
all that invisible air under pressure bearing the whiteness of the face.

חַיֶּלֶת בַּמִּדְבָּר. פוטו רוֹמָן

הַמִּכְתָּב מֵהַבָּחוּר שֶׁלָּהּ לֹא שָׁפַךְ לָהּ אוֹדֵקוֹלוֹן עַל הַפָּנִים.
הִיא רָצְתָה לִבְכּוֹת כְּשֶׁהֶחֱלִיפָה אֶת בִּגְדֵי הָעֲבוֹדָה שֶׁל הַצָּבָא
בְּגִ'ינְס וּבְחֻלְצָה הֲדוּקָה.
בַּטֵּיפּ שֶׁלָּהּ, עַל שֻׁלְחַן הַקַּשׁ, הִסְתּוֹבְבָה כְּבָר קַסֶּטַת הַדִּכָּאוֹן. מִישֶׁהִי
שָׁרָה "אַתָּה בָּא אֵלַי כְּלֶהָבָה
וְאַחַר כָּךְ מַפְנֶה לִי כָּתֵף קָרָה".
צָרִיךְ לִשְׁבֹּר אֶת הָעֲצָמוֹת, הִיא חָשְׁבָה, לְמִי שֶׁעוֹשֶׂה אֶת זֶה.
וּבֵינְתַיִם, מֵהַחַלּוֹן נִרְאֶה לָהּ הַמִּדְבָּר כְּהֶכְלָאָה שֶׁל עֲרֵמַת חוֹל
וְחוּט חַשְׁמַל הַמִּתְיַחֵס מִנְּגִיעַת עוֹרֵב.
וְהָעוֹרֵב?
הוּא הַגִּינֵקוֹלוֹג שֶׁל הַנּוֹף הַזֶּה.
כָּל הַקַּיִץ הִיא עָקְבָה אַחֲרָיו, בַּחֹשֶׁךְ, כְּשֶׁנָּחַת
עַל פְּלוּמַת הַדֶּשֶׁא הַמֻּפְקָר
כְּפִילֶגֶשׁ בַּגִּבְעָה.

FEMALE SOLDIER IN THE DESERT. A PHOTO-NOVEL

Her boyfriend's letter didn't splash eau de cologne on her face.
She wanted to cry as she changed from army fatigues into jeans
and an Indian blouse.
On a wicker table the depression cassette already played on the recorder.
Somebody was singing *You come to me like fire*
then turn and give me the cold shoulder.
She thought, *Anyone who does that should have his bones broken.*
Meanwhile, out the window was the desert, which seemed
like a cross between sand pile and electric wire
getting horny when a crow alights.
And the crow?
It's the landscape's gynecologist.
All summer she tracked it in the dark, saw it
land on a deserted soft mound of grass
as if it were the concubine from the Hill.

אֱלֶגְיָה עַל סוּס מֵת בְּמַחֲנֵה הַפְּלִיטִים סַבְּרָה

אֲפִלּוּ גְּוִיָּתוֹ יָפָה יוֹתֵר מֵהַמּוֹדֵל הָאַחֲרוֹן שֶׁל שֶׁבְרוֹלֶט.
וְהוּא הֲרֵי יָכוֹל הָיָה לְהַדְהִיר תְּרוּעַת מֶלֶךְ,
לְהֵרָתֵם לְמַחֲרֵשָׁה
אוֹ לַעֲמֹד סְתָם עַל רַגְלָיו הָאֲחוֹרִיּוֹת וְלִהְיוֹת לְרֶגַע לוּנָה־פַּרְק.

ELEGY FOR A DEAD HORSE IN THE SABRAH REFUGEE CAMP

Even its corpse is more lovely than a late-model Chevrolet.
Surely it must have galloped to a royal fanfare
or been harnessed to a plow or just reared up on its hind legs
becoming for an instant a merry-go-round.

אֵיךְ לָדַעַת אֶת גִּיל הַסּוּס. שִׁיר אַהֲבָה

הַדֶּרֶךְ הָרְגִילָה לָדַעַת אֶת גִּיל הַסּוּס הִיא לְהִסְתַּכֵּל בְּשִׁנָּיו.
בְּגִיל שִׁשָּׁה חֳדָשִׁים יֵשׁ לוֹ אַרְבַּע חוֹתָכוֹת.
בְּגִיל שְׁנָתַיִם יֵשׁ לוֹ שֵׁשׁ, וְאֵלֶּה מַמְשִׁיכוֹת לִגְדֹּל עַד
שֶׁשִּׁנֵּי הֶחָלָב מִתְחַלְּפוֹת בִּשְׁנַּיִם קְבוּעוֹת.
בְּגִיל עֶשֶׂר מוֹפִיעַ חָרִיץ בַּחוֹתָכוֹת הָאַחוֹרִיּוֹת וְהוּא מַגִּיעַ
לְמַחֲצִית הַשֵּׁן כְּשֶׁהַסּוּס בֶּן חָמֵשׁ עֶשְׂרֵה.
הָחֵל בְּגִיל עֶשְׂרִים וְחָמֵשׁ מַתְחִיל הַחָרִיץ לְהֵעָלֵם לְאַט לְאַט.
הַדֶּרֶךְ הָרְגִילָה לָדַעַת אֶת גִּיל הָאַהֲבָה הִיא לְהִסְתַּכֵּל בִּשְׁנֵי
הֶחָלָב שֶׁלָּהּ.
צַלֶּקֶת קְטַנָּה תְּסַמֵּן אֶת מַה שֶׁנֶּעֱזַב אוֹ נֶעֱקַר.

How to Tell the Age of a Horse. A Love Poem

The usual way to tell the age of a horse is to look at its teeth.
At six months it has four incisors.
At two years, six, and they keep growing
until the milk teeth are replaced by permanent teeth.
At ten a groove appears in the rear molars, reaching
midpoint when the horse turns fifteen.
From the age of twenty-five on, the groove slowly disappears.
The usual way to tell the age of love is to look
at its milk teeth.
A tiny scar will mark what is left, or what was uprooted.

כְּמוֹ בַּרְדְּלָס. שִׁיר טֶבַע

כְּמוֹ בַּרְדְּלָס הוּא חִכָּה לָהּ.
רוֹצֶה לוֹמַר: הַג'וּנְגֶל הַזֶּה מִתַּחַת לְבִטְנָהּ.

הוֹ לַיְלָה הַנֶּחְפָּר בְּבֵית הַשֶּׁחִי כְּמַלְכֹּדֶת צַיִד,
עִקּוּל הַכָּתֵף
וְאוֹר גַּחְלִילִיּוֹת הַקָּרוּי פִּטְמוֹת.

LIKE A CHEETAH. NATURE POEM

Like a panther, he stalked her.
Meaning: the jungle beneath her belly.

Oh night, dug in her armpit like a trap
the curve of her shoulder,
and the light of fireflies called nipples

חֲלֵב אֲרָיוֹת

סָבִי נוֹלַד בְּאַרְצוֹת הָעֲרָאק
וְעַל תָּוִיּוֹת הַבַּקְבּוּקִים צֻיְּרוּ אֲרָיוֹת מְסֹרְקֵי רַעְמָה
בְּפוֹזָה שֶׁל כִּבְשָׂה.
"זֶה מֶלֶךְ הַחַיּוֹת," הָיְתָה אֶצְבָּעוֹ רוֹעֶדֶת
וּבִשְׂפָמוֹ הַדַּק סִרְטְטָה הָרוּחַ אֶת קַוֵּי הָאֹרֶךְ
וְקַוֵּי הָרֹחַב שֶׁל הַגְּ'וּנְגֶּל שֶׁחָלַמְתִּי עָלָיו.
מַזָּל שֶׁתָּעִיתִי בַּדֶּרֶךְ,
אַחֶרֶת גֶ'יק דָּנִיאֶלְס יָכוֹל הָיָה לִהְיוֹת אָבִי
וְגִ'ין הָיְתָה מְנַעְנַעַת אֶת עֲרִיסַת הַטּוֹנִיק בִּגְרוֹנִי.

וְרַק בַּבַּקְבּוּקִים הָרֵיקִים שֶׁרָצִיתִי לִזְרֹק לַיָּם
טָמַנְתִּי לְזִכְרוֹ פֶּתֶק
שִׁכּוֹר מֵאַהֲבָה.

LION MILK

My grandfather was born in the land of arak
where bottle labels showed lions
with combed manes posing as sheep.
"This is the King of Beasts," his trembling finger
pointing to the jungle I was dreaming of, the wind
raking lines of longitude and latitude
through the sparse hairs
of his moustache.
Luckily I went astray, otherwise
Jack Daniels could have been my father
and Jane would have rocked the tonic cradle in my throat.

And only in empty bottles I wanted to cast into the sea
I stashed, in his memory, notes
drunk with love.

סוֹלוֹ

בְּמַחֲזוֹר הָאַלְכּוֹהוֹל שֶׁלִּי זוֹרֵם גַּם דָּם.
יָדַי רָפוֹת
וְעַל פָּנַי רוֹבֵץ הָעֶרֶב עֶצֶב חַיּוֹת הַטֶּרֶף.
בְּבָתֵּי הַקָּפֶה מְאַבְּדִים אֲנָשִׁים אֶת הָעוֹר, מְאַבְּדִים צֶבַע,
מַדְרָכוֹת מְפִיקוֹת חַשְׁמַל
וְלָעֵצִים יֵשׁ שֵׁמוֹת שֶׁנִּשְׁאֲרוּ בְּשִׁעוּרֵי הַטֶּבַע.
בְּמַחֲזוֹר הָאַלְכּוֹהוֹל שֶׁלִּי זוֹרֵם גַּם דָּם.
מִי שֶׁאוֹהֵב הוּא יוֹתֵר אוֹהֵב מֵאוֹהֵב,
מִי שֶׁמַּדְלִיק גַּפְרוּר הוּא מִתְגָּרֶה בָּרוּחַ,
וְחַיֶּלֶת שֶׁחָזְרָה מִבָּסִיס צְבָאִי בִּצְפוֹן סִינַי
הִשְׁאִירָה אֶת חַמְצַן רֵאוֹתֶיהָ בְּחַמְצַן רֵאוֹתַי.
בְּמַחֲזוֹר הָאַלְכּוֹהוֹל שֶׁלִּי זוֹרֵם גַּם דָּם.
מִלִּים נִטְרָפוֹת בְּעֶצֶב חַיּוֹת הַטֶּרֶף,
קוֹנְיָאק נִמְהָל בְּקֶרַח וּבְמַיִם מֵהַבֶּרֶז,
וְהַגַּעְגּוּעִים הֵם אוֹר דּוֹלֵק בַּחֲדַר הַשֵּׁנָה,
תַּקְלִיט שֶׁל אֶלְבִּיס,
אַבְזָם הֶחָזִיָּה.

SOLO

Alcohol circulates through my body, and also blood.
My arms are weak
and tonight the sorrow of beasts of prey crouches on my face.
In cafes people lose skin, lose color,
sidewalks produce electricity
and trees are named with the leftovers from botany class.
Alcohol circulates through my body, and also blood.
The love of one who loves is greater than love,
whoever strikes a match challenges the wind,
and a soldier returning from an army base in northern Sinai
left the oxygen in her lungs in mine.
Alcohol circulates through my body, and also blood.
Words are eaten alive by the sorrow of wild beasts,
brandy is diluted in ice and tap water,
longing is a light burning in the bedroom,
an Elvis record,
the hook of a bra.

לְמֶרִילִין מוֹנְרוֹ

כָּל כָּךְ הַרְבֵּה גְּלוּלוֹת שֵׁנָה מִתְפַּזְּרוֹת
מֵהָעֵינַיִם הַקְּרוּעוֹת שֶׁל מֶרִילִין.
הֵן עוֹבְרוֹת כְּמוֹ רַכֶּבֶת אֶת מַחְסוֹם
הַשְּׂפָתַיִם הָאֲדֻמּוֹת שֶׁלָּהּ וְנַמַּסּוֹת כְּמוֹ חָצָץ
שֶׁיֵּשׁ מִתַּחַת לַמְּסִלָּה בַּתַּחֲנוֹת הַחַמּוֹת שֶׁל גּוּפָהּ.
רַק הַשָּׁדַיִם שֶׁלָּהּ כְּמוֹ כַּרְטִיסִים מִנְּסִיעָה רְחוֹקָה
זְרוּקִים עַל הַמַּרְצָפוֹת, מְנֻקָּבִים בַּחֲלָקִים הֵיכָן
שֶׁהַקּוֹנְדּוּקְטוֹרִים מֵהַיָּמִים הָרְחוֹקִים אוֹהֲבִים.

FOR MARILYN MONROE

So many sleeping pills spill from Marilyn's torn-out eyes.
They speed past the barrier of her red lips
like boxcars, dissolve like gravel
under the tracks at her body's hot stops.
Only her breasts remain, discarded on the sidewalk
like ticket stubs punched out
in places conductors from long ago used to love.

בְּלַאדִי מֶרִי

וְהַשִּׁירָה הִיא נַעֲרַת פּוֹשְׁעִים
בַּמּוֹשָׁב הָאֲחוֹרִי שֶׁל מְכוֹנִית אָמֵרִיקָנִית.
עֵינֶיהָ לְחוּצוֹת כְּהֶדֶק וְאֶקְדַּח שְׂעָרָהּ יוֹרֶה
כַּדּוּרֵי בְּלוֹנְד הַגּוֹלְשִׁים לְצַוָּארָהּ.
נַגִּיד שֶׁקּוֹרְאִים לָהּ מֶרִי, בְּלַאדִי מֶרִי,
וּמִפִּיהָ נִסְחָטוֹת הַמִּלִּים כְּמוֹ מִיץ מִבֶּטֶן הָעַגְבָנִיָּה
שֶׁקֹּדֶם חָתְכוּ לָהּ אֶת הַצּוּרָה
עַל צַלַּחַת הַסָּלָט.
הִיא יוֹדַעַת שֶׁדִּקְדּוּק הוּא הַמִּשְׁטָרָה שֶׁל הַשָּׂפָה
וְאַנְטֶנַת הֶעָגִיל שֶׁעַל אָזְנָהּ
מְזַהָה מֵרָחוֹק אֶת הַסִּירֶנָה.
הַהֶגֶה יָסִיט אֶת הַמְּכוֹנִית מִסִּימַן שְׁאֵלָה
לִנְקֻדָּה
וְהִיא תִּפְתַּח אֶת הַדֶּלֶת
וְתַעֲמֹד בְּשׁוּלֵי הַדֶּרֶךְ כְּמֵטָפוֹרָה לַמִּלָּה
זוֹנָה.

BLOODY MARY

And poetry is a gangster's moll slouching in the rear seat
of an American sedan. The slits of her eyes
pressed tight like a trigger, her hair
shooting blond bullets down her neck. Let's call her
Mary, Bloody Mary, her mouth
squeezing words like juice
from a tomato's gut after it's cut up
for the salad. She knows grammar
is the language police, her dangling
earring an aerial that picks up a distant siren.
The wheel steers the car from question mark
to period and she'll open
the door and stand at the curb,
a metaphor for the word
slut.

אַרְספּוֹאֶטִיקָה אוֹ הַהֶבְדֵּל בֵּין כַּדּוּרְסַל לְטֶנִיס שֻׁלְחָן

כְּשֶׁהִדְפִּיסוּ אֶת הַשִּׁיר הָרִאשׁוֹן שֶׁלִּי הָיִיתִי בֶּן שֵׁשׁ עֶשְׂרֵה וָחֵצִי,
שַׂחְקַן כַּדּוּרְסַל.
גַּבִּי הַמְּאַמֵּן הִצְמִיד אֶת כֶּתֶף הַטְּרֶנִינְג שֶׁלּוֹ בְּשֶׁלִּי וְאָמַר
"יֵשׁ מִישֶׁהוּ עִם שֵׁם דּוֹמֶה לְשֶׁלְּךָ שֶׁכּוֹתֵב שִׁירִים".
הַיָּד שֶׁהִמְשִׁיכָה לְהַקְפִּיץ אֶת הַכַּדּוּר לִמְּדָה אָז לְאַיֵּת אֶת הַמִּלָּה
'זֵעָה'.
הַפֶּה הִכְחִישׁ, אֲפִלּוּ קַלֵּל, מוֹחֵק אֶת הָאֶפְשָׁרוּת שֶׁהוּא פֶּה פּוֹאֶטִי.
אַחַר כָּךְ יָדְעוּ וְאָמְרוּ "תִּמְסֹר כְּבָר אֶת הַכַּדּוּר, מָה אַתָּה
חוֹשֵׁב עַכְשָׁו עַל שׁוּרָה".
לֹא חָשַׁבְתִּי, וְאֶת נַעֲלֵי הַכַּדּוּרְסַל תָּלִיתִי מִזְּמַן, וְהָיוּ לִי
זְרִיקוֹת עֳנָשִׁין וְהִתְפָּרְצֻיּוֹת יָחִיד וְכַדּוּרִים מֵחֲצִי פִּנָּה
וְהַדַּף הָיָה מֵטָפוֹרָה לְאוֹתוֹ מִגְרָשׁ בִּרְחוֹב מַכַּבִּי לְיַד
קוֹלְנוֹעַ אוֹרְלִי.
אֲבָל לֹא.
לִפְעָמִים הַשִּׁיר הוּא גַּם כַּדּוּר פִּינְג פּוֹנְג,
קָטָן
לָבָן,
שָׁקוּף מַשֶּׁהוּ,
נֶהְדָּף בְּמַחְבֵּט עֵץ הַמְּצֻפֶּה בְּפְּלַסְטִיק דּוֹקְרָנִי,
עוֹבֵר מֵעַל לָרֶשֶׁת הַמְּסַמֶּנֶת בְּדַיְקָנוּת יַפָּנִית אֶת
אֶמְצַע הַשֻּׁלְחָן.

ARS POETICA OR THE DIFFERENCE BETWEEN BASKETBALL AND TABLE TENNIS

I was sixteen and a half, a basketball player, when my first poem
appeared. Gabbi, the coach, jostled his sweatshirted shoulder
against mine and said, *There's somebody with a name
similar to yours who writes poetry.* My hand continued dribbling, then
learned to spell
the word *sweat.* My mouth denied, even cursed, the fact
that it might be a poetic mouth.
Later they knew and teased, *Pass the ball, will you, dreaming
up a line, are you?* I wasn't, and hung up my basketball sneakers
long ago and did free-throws and drives and half-court shots
on the page that stood for the court on Maccabi Street
near Orlee Cinema.
But no.
At times the poem is a ping-pong ball,
small,
white,
almost translucent,
hit by a wooden racket encased in prickly plastic
over the net marking with Japanese precision
the exact middle of the table.

בַּדֶּרֶךְ לְפֶּטְרָה

צֵל עוֹרֵב מִסְתַּבֵּךְ בַּשְּׂעָרוֹת,
הַשָּׂפָה נִנְשֶׁכֶת בַּשִּׁנַּיִם וְאִי אֶפְשָׁר לְתָאֵר
אֶת בֶּהָלַת הָאוֹר
שֶׁהִדְלִיקוּ חַשְׁמַלָּאֵי הַמִּדְבָּר
בָּעֵינַיִם
הַרְחֵק מִכָּאן, נִפְרָשׂ צִלּוּפָן אָדֹם עַל מִקְדַּשׁ הַסֶּלַע,
בֶּדוּאִים תּוֹפְפוּ יָדַיִם עַל בֶּטֶן שְׁזוּפָה
וְהַנָּחָשׁ הַמִּתְפַּתֵּל בִּדְיוּנוֹת, בִּתְנוּעוֹת בָּלֵט,
יוֹדֵעַ שֶׁאֲפִלּוּ הַחֶרֶב הַמִּתְהַפֶּכֶת
הִיא זְרִיקַת פֶּנִיצִילִין לְסוּס מֵת.

ON THE WAY TO PETRA

A crow's shadow gets tangled in hair,
teeth bite through lips and it's impossible to describe
the shock of light
switched on by the desert electricians
in eyes.
Far from here, red cellophane wraps the rock temple,
Bedouins drum their hands on tanned bellies
and, as in a ballet, the snake twisting in the dunes
divines that even the flaming sword
is a penicillin shot to a dead horse.

תֵּשַׁע שׁוּרוֹת עַל בֶּדוּאִי שֶׁגָּסַס מִסַּרְטַן מִדְבָּר

לזכר אחמד אבו־רביע

בֶּדוּאִי שֶׁגָּסַס מִסַּרְטַן מִדְבָּר עוֹבֵר לִי בַּמַּחֲשָׁבָה כְּמוֹ מֶרְצֶדֶס לְבָנָה.
אוֹמְרִים שֶׁלְּאַחַר שֶׁמֵּת נוֹרוּ בָּאֲוִיר יְרִיּוֹת פַנְטַזְיָה,
שֶׁנִּדְלְקוּ הָרִים,
שֶׁנִּקְרְעָה דֶּרֶךְ־מֶלֶךְ לְדַהֲרַת הַפָּרָשִׁים.
לֹא הָיִיתִי שָׁם, וַאֲנִי מְדַבֵּר בֶּדוּאִית בַּחֲבָרָה תֵּל אֲבִיבִית,
עוֹבֵר בְּבֵית הַקָּפֶה הֵיכָן שֶׁהַמֶּלְצָרִית מְנַקָּה אֶת הַשֻּׁלְחָן
לִפְנֵי שֶׁהִיא מַגִּישָׁה בִּירָה,
הֵיכָן שֶׁאוֹר הַמְּנוֹרָה מְגַלֵּף בְּפָנֶיהָ
יֹפִי כְּמוֹ פִּתּוּחֵי הָעֵץ שֶׁבִּגְדִית הַשַּׁבְּרִיָּה.

NINE LINES ABOUT A BEDOUIN DYING OF DESERT CANCER

In memory of Ahmed Abu-Rabi'a

A Bedouin dying of desert cancer flashes
though my mind like a white Mercedes. They say
after he died shots were fired in the air, mountains
set ablaze, a highway carved for galloping horsemen
wild with *fantazieh*. I wasn't there and I talk
Bedouin with a Tel Aviv accent, passing through
a café where the waitress wipes the table before
serving beer, where lamplight etches beauty in her face
like the carving on the *shabriyeh's* wooden haft.

הַפַּנְצֶ׳רִים שֶׁל הַהִיסְטוֹרְיָה בְּעֵמֶק יְהוֹשָׁפָט

הָאַנְגְּלִים קָרְאוּ לְעֵמֶק יְהוֹשָׁפָט — ג׳וֹזָפָט
הָעֲרָבִים קִצְּרוּ לְוָאדִי ג׳וֹז
וְהַיְּהוּדִים עִבְרְתוּ לְנַחַל אֱגוֹז.
מֵרֹב שֵׁמוֹת נִסְפְּגוּ הַמַּיִם בְּבֶטֶן הָאֲדָמָה
כְּמוֹ הָיוּ מִינֵי בְּשָׂמִים שֶׁהִתִּיזוּ מְאַהֲבִים רַבִּים
עַל גּוּף אִשָּׁה
וּבֵינְתַיִם, הִיא נָחָה כְּגַלְגַּל רֶזֶרְבִי
בְּלֵב תָּא הַמִּטְעָן,
מְחַכָּה לַפַּנְצֶ׳ר הַהִיסְטוֹרִי הַבָּא
שֶׁיַּזְכִּיר אֶת קִיּוּמָהּ.

PUNCTURES OF HISTORY IN THE VALLEY OF YEHOSHAFAT

The British called the Valley of Yehoshafat—*Josafat*,
the Arabs shortened it to *Wadi Joz*
and the Jews named it in Hebrew *Nahal Egoz*.
Because of its many names the earth's womb took in its waters
as a woman's body takes in the scents
of her lovers
but now she slumbers in the dark heart
of a car trunk, like a spare tire
waiting for the next historical puncture
to call forth her existence.

3

הַקִּילוֹמֶטֶר הָרִאשׁוֹן מִחוּץ לָעִיר הוּא כְּבָר "הַטֶּבַע"

הַקִּילוֹמֶטֶר הָרִאשׁוֹן מִחוּץ לָעִיר הוּא כְּבָר "הַטֶּבַע",
וְהָאַהֲבָה כִּדְהָרַת פֶּתַע
חוֹזֶרֶת כְּמוֹ סוּסִים מַלְכוּתִיִּים.
חֹשֶׁךְ אֶרֶצְיִשְׂרְאֵלִי לָהוּט בַּחֲרָצִיּוֹת הַמַּלְבִּינוֹת מִפַּחַד,
לָהוּט בָּרֹאשׁ,
לָהוּט בָּעֲנָנִים
וְאִישׁ נוֹגֵעַ בְּיַלְדָּה כְּמוֹ בְּרִגּוּשִׁים שֶׁהִשְׁאִירוּ בַּחוֹל
סוּסִים מַלְכוּתִיִּים.

THE FIRST KILOMETER

The first kilometer out of town is already *nature*
and love in a sudden gallop returns
like royal horses. A Land of Israel darkness
avid in chrysanthemums white
with fear, avid in the head, avid in the clouds
and a man touches a girl with the tumult
left in the sand by royal horses.

סוֹנֶטַת שַׁרְווּל הַנּוֹף

שַׁרְווּל הַנּוֹף
קֻפַּל עַל זְרוֹעַ חוֹף.
עַצְמוֹת לְחָיֵי הַיָּם גָּבְהוּ בַּסְּעָרָה,
פָּנַיִךְ בָּעֲרוּ בַּחֲשֵׁכָה.

הָיוּ לָךְ כַּרְטִיסִים לְהוֹלִיווּד וְלִסְדוֹם,
וִילוֹן קְטִיפָה הִסְתִּיר אֶת הַחֲלוֹם.
בְּמַחַט חֲלוּדָה תָּפַרְתְּ בִּגְדֵי כּוֹכֶבֶת
וְצִפּוֹרִים מֵתוֹת נִקְשְׁרוּ בִּשְׂעָרֵךְ כְּסֶרֶט.

עָטַפְתְּ אֶת הַיָּרֵחַ בִּנְיָר כָּחֹל
מֵעַנְנֵי הַצֶּמֶר־גֶּפֶן יָכֹלְתְּ אָז רַק לִפֹּל.
הָעֲרָפֶל דָּקַר

אֶת שְׁאֵרִית הָאוֹר
וּכְשֶׁהָלַכְתְּ הִשְׁאַרְתְּ מַזְכֶּרֶת שֵׂעָר
בַּכִּיּוֹר.

SONNET OF THE LANDSCAPE'S SLEEVE

The landscape's sleeve
was rolled up on the beach's arm.
The sea's cheekbones grew higher in the storm,
your face burned in the dark.

You had tickets to Hollywood and Sodom,
a velvet curtain hid the dream.
With a rusty needle you sewed a star's clothing
and dead birds were tied like a ribbon in your hair.

You wrapped the moon in blue paper
then couldn't help falling off the cotton-ball clouds.
The fog stabbed

the rest of the light
and when you departed you left a souvenir
of hair in the sink.

הוּבָלוֹת

אֲנִי אַלְטֶע זַאכְן שֶׁל אֲנָשִׁים,
פָּנוּי לְהוּבָלָה.
הַפְּסַנְתֵּר הָרִאשׁוֹן שֶׁרָאִיתִי הָיָה עַל גַּבּוֹ
שֶׁל סַבָּל עַרְבִי בְּדֶרֶךְ־יָפוֹ־תֵּל־אָבִיב.
הָאָקוֹרְדְּיוֹן שֶׁל גּוּלִיבֶר
וְעַל צַלֶּקֶת חֶבֶל הַצַּוָּאר
רָקְדוּ גַּמָּדֵי דָּם.
מִמּוּל, צִיֹּרָה הַמַּשָּׂאִית שֶׁל "גֶ'יקִי הוּבָלוֹת"
עַל חֻלְצַת טְרִיקוֹ אֲדֻמָּה שֶׁל זוֹ
שֶׁהַגַּלְגַּלִּים עַל חֶלְקַת בִּטְנָהּ
נֻפְּחוּ בִּתְשׁוּקַת הָאֶצְבָּעוֹת.
מִישֶׁהוּ חָרַת אָז עַל קִיר הָאַפְסְנָאוּת שֶׁבְּבֵית נַבַּאלְלַה
"מוּטָב אָחוֹת זוֹנָה מֵאָח בִּתְהוּבָלָה".
בַּחֲדַר הָאֹכֶל טִגְּנוּ אֶת חֲבִיתוֹת הַבֹּקֶר
בְּטִפּוֹת שֶׁמֶן רוֹתֵחַ
וְחַיָּלֵי הַגְּרִיז זָרוּ
מֶלַח עַל הַפְּצָעִים.
הִרְשׁוּ לָהֶם 70 קָמָ"שׁ בְּשֶׁטַח פָּתוּחַ,
50 בְּבָנוּי.
בְּרֶזֶנְט הַחָאקִי טָפַח לָהֶם רוּחַ
עַל הַפָּנִים.

MOVERS

I'm people's *alte zachen*,
free for hauling.
I saw my first piano on the back
of an Arab porter on Jaffa–Tel Aviv Road.
Gulliver's accordion
and drops of blood like dancing Liliputians on the scar
from the rope rubbing his neck.
Across from him
a drawing of Jackie's moving van
on the red T shirt worn by a woman
whose smooth belly was a tire inflated by the finger of desire.
In Beit Naballah somebody carved on the quartermaster's wall
"Better a sister who's a hooker than a brother in transport."
In the mess hall morning omlettes
were fried in boiling oil
and grease monkeys rubbed
salt into open wounds.
You could go 70 km/h in the country,
50 km/h in town.
The khaki tarpaulin slapped
wind in our faces.

דַּחְלִיל

הַדַּחְלִיל הוּא אוֹת קַיִן עַל
מֵצַח הָאֲדָמָה.
הַצִּפּוֹרִים יוֹדְעוֹת אֶת זֶה
וְנוֹדְדוֹת הָלְאָה.

יָם הַמֶּלַח

אוּלַי הוּא הָאוֹתִיּוֹת הָעֲגֻלּוֹת
בְּמִכְתַּב הַהִתְאַבְּדוּת שֶׁל הַמִּדְבָּר.
מֵעָלָיו זָזִים הַשָּׁמַיִם בְּמַגְּפֵי פַּרְדְּסָנִים.
כְּבֵדוּת כָּזֹאת, אֲפִלּוּ בְּרוּחַ הָעֶרֶב הַנִּנְשֶׁפֶת כַּחֲצוֹצְרָה.

SCARECROW

The scarecrow is the mark of Cain
on the earth's brow.
The birds sense this
and keep wandering.

THE DEAD SEA

Maybe it's the round script
in the desert's suicide note. Over it the sky
plods in the boots of an orange grower.
Such heaviness, even the evening breeze blowing
as if from a trumpet.

מֵרָחוֹק נִרְאוֹת הַמַּצֵּבוֹת כְּלַהֲקַת חֲסִידוֹת

לזכר נ׳

מֵרָחוֹק נִרְאוֹת הַמַּצֵּבוֹת כְּלַהֲקַת חֲסִידוֹת
אוֹ כְּלַהַק יוֹנִים שֶׁאִלֵּף תֵּימָנִי אֶחָד לְטֶקֶס
הַפְּתִיחָה שֶׁל הַמַּכַּבִּיָּה הַחֲמִישִׁית אוֹ הַשִּׁשִּׁית.
בַּלַּיְלָה, כְּשֶׁעָפוּ הַיּוֹנִים הַבַּיְתָה, יָרָה
בָּהֶן נ׳ אֲבָנִים וְהִפִּיל
שְׁתַּיִם־שָׁלוֹשׁ.
הַשָּׁמַיִם הָיוּ נְקִיִּים מִכּוֹכָבִים. קָרְאוּ לָהֶם
לֶנוֹן, ג׳וֹפְּלִין אוֹ הֶנְדְּרִיקְס שֶׁנִּגֵּן אָז לְאֹרֶךְ מִגְדַּל הַשְּׁמִירָה.
בִּדְרוֹם תֵּל אָבִיב, גַּסָּס חָבֵר שֶׁל נ׳, פְּסַנְתְּרָן גֶ׳ז. עַל הַפָּטֵיפוֹן
קְצָרָה בִּילִי הוֹלִידֵי אֶת הַחֲצָאִית בַּחֲמִשָּׁה סֶנְטִימֶטֶר. הִיא
הָיְתָה פוֹטוֹגֵנִית מְאוֹד בְּאַחַד הָרְחוֹבוֹת לְיַד לֶוִינְסְקִי.
אַגַּב, אֵיךְ אֶפְשָׁר לְתַרְגֵּם לְעִבְרִית אֶת הַמִּלָּה גַּ׳נְק?
לָמָּה אֲנִי קוֹשֵׁר אֶת הַשְּׁאֵלָה לְבֵית קְבָרוֹת,
אֶפְשָׁר הָיָה לִשְׁאֹל אוֹתָהּ גַּם עַל מִישֶׁהוּ אַחֵר, חַי.
לֹא. מָוֶת בַּמִּלְחָמָה מַסִּיעַ אֶת הַזִּכָּרוֹן חוֹלֶה
בְּאַמְבּוּלַנְס. אֲלֻנְקוֹת וְסִירֶנוֹת. אִם תִּהְיֶה אַזְעָקַת אֱמֶת
יִשְׁמְעוּ צְפִירוֹת עוֹלוֹת וְיוֹרְדוֹת.
אֲחוֹתוֹ שֶׁל נ׳ בָּאָה לְכָאן בַּפַּעַם הַשְּׁמִינִית בְּאוֹתָהּ
שִׂמְלָה. שָׁחֹר מִבַּד סָטֶן בְּגִזְרָה הַמַּבְלִיטָה לָהּ
אֶת עַצְמוֹת הַצַּוָּאר.

אִם כְּבָר צָרִיךְ מַגַּשׁ כֶּסֶף
שֶׁיַּגִּישׁוּ עָלָיו, בְּבַקָּשָׁה, גַּם ווֹדְקָה,
שֶׁאֶפְשָׁר יִהְיֶה לִשְׁתּוֹת לְזֵכֶר דַּף הַנְּיָר שֶׁהָיָה לוֹ בְּגִיל 14,
עִם שְׁמוֹת הַבָּנוֹת שֶׁהֵחֵלּוּ לְהִשְׁתַּמֵּשׁ בְּחָזִיָּה.
הָיִיתִי הַיָּחִיד שֶׁיָּדַע עַל זֶה,
עַכְשָׁו אֲנִי הַיָּחִיד שֶׁיָּכוֹל לְהִזָּכֵר בָּזֶה.

FROM THIS DISTANCE THE TOMBSTONES LOOK LIKE A FLIGHT OF STORKS

From this distance the tombstones look like a flight
of storks, or a flurry of doves
that a certain Yemenite trained for the opening
ceremony of the Fifth or Sixth Maccabiah.
At night, when the pigeons scattered home, N flung
stones at them and brought down two or three.
The sky was clear of stars, who were called
Lennon or Joplin or Hendricks,
who at that time were playing, all along the watch-tower.
In the south of Tel Aviv, N's friend,
the jazz pianist, was dying.
On the record player, Billie Holiday had shortened
her skirt by five centimeters. She stood photogenically
in one of the streets near Levinsky. By the way,
how do you translate the word *junk* into Hebrew?
Why have I knotted this question to somebody dead?
I could have asked it about somebody alive,
but no: death swirls in a failing memory through the streets
in an ambulance. Stretchers and sirens.
If this were a genuine alert
rising and falling sirens would be sounded.
Here's N's sister for the eighth time in the same dress—
black satin cut so that her lovely
clavicle and throat ambush our eyes.
If a silver tray is needed after all,
let them serve vodka on it as well as soldiers,
and thus we could drink in memory
of the furtive scrap of paper he kept at fourteen,
listing the names of girls who'd begun to wear bras.
I was the only one who knew about that,
and now I'm the only one who can remember it.

עוגות הַתַּפּוּחִים שֶׁל סוֹנְיָה בּוּרְשְׁטֵין

בַּקּוֹנְדִּיטוֹרְיָה שֶׁל שִׁימֶל לְיַד יְשִׁיבַת פּוֹנִיבֶז׳
אֲנִי נִזְכָּר בְּעוּגוֹת הַתַּפּוּחִים שֶׁל סוֹנְיָה בּוּרְשְׁטֵין,
בְּפִלְחֵי הַגְּרֶנְד אָלֶכְּסַנְדֶּר שֶׁהֶסְווּ כְּסוּס טְרוֹיָאנִי
בְּתוֹךְ בְּצֵק עָלִים.
מֵאָה מֶטֶר מִשָּׁם עָמַד בֵּיתָהּ
וּמֵאָז מוֹתָהּ אַף רוּחַ־רוּחַ לֹא מַפִּילָה
בְּפַרְדֵּס־הַפֶּה תַּפּוּחַ.

SONYA BURSTEIN'S APPLE STRUDEL

At Shimel's Bakery near the Poniewiez Yeshiva
I remember Sonya Burstein's apple strudels,
slices of Grand Alexander camouflaged like a Trojan horse
inside pastry puffs.
Her house stood one hundred meters from there
and since her death no wind has blown down
even one ripe apple from the orchard of my mouth.

וּבַעְלָהּ פָּלַט: בּוּכֶנְוַלְד

מָתְחוּ סָדִין וְהוֹרִידוּ אֶת גְּבֶרֶת קְלָרָה מֵהַקּוֹמָה הַשְּׁנִיָּה
לְאַמְבּוּלַנְס.
מֵאֵיזֶה מַחֲלָה הִיא מֵתָה, שָׁאַלְנוּ, לִפְנֵי הַשְּׁמוּעָה
שֶׁתָּלְתָה עַצְמָהּ בָּאַמְבַּטְיָה,
וּבַעְלָהּ פָּלַט: בּוּכֶנְוַלְד.
עַד אָז שָׁמַעְנוּ שַׁעֶלֶת אוֹ אַנְגִּינָה
וְהָיְתָה לָנוּ צַלֶּקֶת חִסּוּן מֵאֲבַעְבּוּעוֹת רוּחַ.
יוֹם קֹדֶם הִיא מָצְאָה נָחָשׁ בֶּחָצֵר
וְלַשּׁוֹטֵר מֵרְחוֹב עִיר שֶׁמֶשׁ 30 הָיָה אֶקְדָּח
וְלַנָּחָשׁ גּוּף שֶׁל לַהֲטוּטָן.
אַחַר כָּךְ, כְּשֶׁהִתְרוֹקְנָה הַמַּחְסָנִית רוֹצַצְנוּ רֹאשׁוֹ בָּאֶבֶן.

And Her Husband Blurted: Buchenwald

They stretched out a sheet for Madame Clara and took her down
from the second floor to the ambulance.
What did she die of we asked, before we heard the rumor
that she hung herself in the bathroom,
and her husband blurted: *Buchenwald*.
Until then we knew of whooping cough or tonsilitis
and we had a pock mark from our smallpox inoculation.
The day before, she found a snake in the courtyard
and the policeman from 30 Ir Shemesh Street had a gun
and the serpent the body of a juggler.
Later, after he'd emptied the magazine into its head
we crushed it with a stone.

הַיַּלְדָּה וְחַלּוֹן הָאִטְלִיז

בֹּקֶר בֹּקֶר, בְּשָׁעָה שֶׁבַע אוֹ שֶׁבַע וָרֶבַע
אֲנִי עוֹבֵר עַל פָּנֶיהָ שֶׁל יַלְדָּה אַחַת.
אֲנִי מַכִּיר כִּמְעַט בְּעַל־פֶּה אֶת אֲרוֹן הַבְּגָדִים שֶׁלָּהּ
וְיוֹדֵעַ שֶׁמְּעִיל הַגֶּשֶׁם הָאָדֹם
מְטַפְטֵף לָהּ חֹרֶף כְּמוֹ
שֶׁשִּׂמְלַת הַכְּתֵפִיּוֹת הַקֵּיצִית תָּמִיד תְּהֻדַּק
בַּחֲגוֹרַת עוֹר עָבָה.
פַּעַם שָׁאַלְתִּי עָלֶיהָ, וְאָמְרוּ שֶׁהִיא מְחַכָּה
לְמוֹנִית הָאוֹסֶפֶת אוֹתָהּ אֶל מוֹסַד הַמְּפַגְּרִים.
מֵחַלּוֹן הָרַאֲוָה, כַּמָּה מֶטְרִים מִמְּקוֹם הָעֲמִידָה שֶׁלָּהּ, רוֹאִים
קִילוֹגְרָמִים תְּלוּיִים שֶׁל בָּשָׂר וְקַצָּבִים בְּבֶגֶד לָבָן
הַפּוֹרְסִים בִּזְרִיזוּת צֶלַע, חָזֶה אוֹ
עוֹף מְכֻוָּץ.
אוּלַי בִּמְקוֹם לְהַלֵּל אֶת חֹד הַסַּכִּין
צָרִיךְ לִכְתֹּב עַל הָרוּחַ שֶׁהִיא חוֹתֶכֶת כִּמְנִיפָה
וְעַל הָעֵינַיִם שֶׁל אוֹתָהּ יַלְדָּה הַמְּרֻתָּקוֹת
לַחַלּוֹן הַמְּטַפְטֵף כַּמָּה טִפּוֹת שֶׁל דָּם.

GIRL AND THE BUTCHER SHOP WINDOW

Every morning at seven, or quarter past
I walk by a certain girl.
I know her wardrobe almost by heart
and I know her red slicker
drips winter over her as well as I know
the summer dress with spaghetti straps
fastened at her waist by a thick leather belt.
Once I asked about her and was told she waits
for a cab that will take her to the Home
for the retarded. In the shop window, a few meters
from where she stands, you can see
slabs of meat hanging and white-coated butchers
swiftly slicing ribs, breasts, or
scrawny chickens.
Maybe instead of praising the honed edge of the knife
I should describe how it slices the wind like a fan
and how the eyes of that girl fix
on a few drops of blood sliding down the window.

עֲבוֹדָה

זֶה לֹא תָּמִיד הַשָּׁחֹר מִתַּחַת לְצִפָּרְנֵי הַגְּרִיז,
הַצַּוָּארוֹן הַכָּחֹל,
הַמַּבְרֵג,
הַבֹּרֶג.
הוֹ הַנְּעָרוֹת הָעֲרֻמּוֹת שֶׁאֶפְשָׁר לִתְלוֹת
עַל הַטִּיחַ הַמִּתְקַלֵּף
וְאֶצְבְּעוֹתֶיהָ שֶׁל גְּבֶרֶת הַמִּזְנוֹן שֶׁהִתְרַגְּלוּ
לִבְחֹשׁ "שְׁתַּיִם סֻכָּר עִם טִפַּת חָלָב".
לֹא. אֵין רוֹמַנְטִיקָה בְּתְלוּשׁ מַשְׂכֹּרֶת, תּוֹסֶפֶת שְׁחִיקָה
אוֹ בַּקְבּוּק קוֹנְיָאק מַתָּנָה לַחַג.
רַק גַּלְגַּלֵּי הַשִּׁנַּיִם שֶׁל הַמְּכוֹנוֹת הַנּוֹהֲמוֹת כִּלְבִיאָה
שֶׁהַג'וּנְגֶּל כְּבָר רָקַד, מְזֻמָּן, בַּחֲתֻנָּה שֶׁלָּהּ.

WORK

It's not always black grease under the fingernails,
the blue collar,
the screwdriver,
the screw.
Or nude pinups hanging
on peeling plaster
and *two sugars with a drop of milk*
the lady in the cafeteria has grown used to stirring.
No. There's nothing romantic
in a paycheck, cost-of-living adjustment
or a bottle of brandy for a holiday gift.
Only a cog in the machine growling like a lioness,
the jungle dancing
at her wedding years ago.

זֶה הַשִּׁיר עַל הַנַּעֲרָה שֶׁבִּקְשָׁה שֶׁאֶכְתֹּב עָלֶיהָ שִׁיר

הִיא הִשְׁעִינָה אֶת מַקֵּל הַסְּפוֹנְגָ'ה עַל דֶּלֶת חֲדַר הַשֵּׁרוּתִים,
בִּסְנִיף יָפוֹ שֶׁל בַּנְק הַלְוָאָה וְחִסָּכוֹן וְסָחֲטָה סְמַרְטוּט
בְּאֶצְבָּעוֹת סְפוּגוֹת.
יָדַעְתִּי אֶת עָרְפָּהּ, אֶת כִּיפוּף גֵּוָהּ, אֶת כְּבוֹד הַמִּשְׁפָּחָה
שֶׁהִרְבָּה כַּפְתּוֹרִים בְּחֻלְצָתָהּ.
יָדַעְתִּי שֶׁהִיא בָּאָה מִקַּלַנְסַאוֶה וְאִם יִהְיֶה שִׁיר אֶקְרָא לוֹ
פַּטְמָה מוֹרְגָנָה.
עָבְרוּ שָׁנִים מֵאָז. כַּנְפֵי הַשִּׁיר שֶׁהִבְטַחְתִּי נִתְפְּרוּ עַל
גַּב צִפּוֹר שֶׁבַּחֲלוֹמָהּ נִקְרָה אֶת
עֵין הַנָּסִיךְ הַמְאֻשָּׁר,
וּכְשֶׁאֶפְגֹּשׁ בַּנַּעֲרָה אֲעוֹפֵף אוֹתָהּ מֵעַל רֹאשׁוֹ שֶׁל מוּחַמַּד עַלִי
שֶׁפַּעַם צָעֲקוּ לוֹ בָּרְחוֹב 'כּוּשִׁי מְלֻכְלָךְ' וַחֲבֵרָיו שִׂשּׂוּ אוֹתוֹ
לְהָשִׁיב אֶגְרוֹף.
"וְאִם אַרְתּוּר רוּבִּינְשְׁטֵין," שָׁאַל עַלִי, "הָיָה עוֹבֵר כָּאן
וּמִישֶׁהוּ צוֹעֵק לוֹ 'יְהוּדִי מְלֻכְלָךְ' — אָז הוּא הָיָה
מַרְבִּיץ קוֹנְצֶרְט?"

THIS IS THE POEM ABOUT THE GIRL WHO ASKED ME TO WRITE A POEM ABOUT HER

She leaned the mop against the door to the toilets
at the Jaffa branch of the Savings and Loan and wrung it out
with water-logged fingers.
I knew the back of her neck, the curve
of her body, the family honor
multiplying buttons on her blouse.
I knew she came from Kalansawa and if there'll be a poem
I'll title it *Fatma Morgana.*
Years go by. In her dream a bird pecks
at the eye of a happy prince, I sew
on the bird wings
of the poem I promised
and when I meet the girl I'll make it fly
over the head of Mohammed Ali
who was called *dirty nigger* while strolling on the street
and when his friends egged him on
to strike back with a fist, he replied,
And if Arthur Rubinstein walked by
and somebody called him a 'dirty kike'—would he
knock him out with a concert?

אֵלֶגְיָה עַל קֶטַע גַּן־עֵדֶן

1. כְּמוֹ אוֹפַנּוֹעִים

קַר
וְהַגְּשָׁמִים יַמְשִׁיכוּ עַד סֶפְּטֶמְבֶּר,
הִיא תֵּרָדֵם וְתִתְעוֹרֵר מֵאַהֲבָה וּבְתוּלֶיהָ יַעַבְרוּ כְּמוֹ אוֹפַנּוֹעִים,
כָּל כָּךְ הַרְבֵּה עָשָׁן מֵאָחוֹר
כָּל כָּךְ הַרְבֵּה אוֹר מִלְּפָנִים

2. שִׁיר אַהֲבָה

אוֹר דּוֹלֵק עַל הַמִּטָּה
עַל הַיָּד הַנּוֹגַעַת
עַל הַבֶּטֶן הַנְּגוּעָה
וַאֲנִי יוֹדֵעַ שֶׁבְּאַחַד הַחֲדָרִים בִּצְפוֹן הָעִיר
עוֹבֵר עַכְשָׁו רֵיחַ שֶׁל חֲתוּלָה סִיאָמִית בְּצַוַּאר יַלְדָּה,
גֵּוָהּ לַח
וְלִפְנֵי שֶׁאֶפְשָׁר לְלַטֵּף אֶת פַּרְוָתָהּ צָרִיךְ לְהַפְשִׁיט אוֹתָהּ.
אוֹר דּוֹלֵק עַל הַמִּטָּה
עַל הַיָּד הַנּוֹגַעַת
עַל הַבֶּטֶן הַנְּגוּעָה
וְהָאִישׁ שֶׁעַכְשָׁו אִתָּהּ בּוֹרֵחַ בַּבְּקָרִים כְּמוֹ גּוֹנֵב סוּסִים
כְּמוֹ גִּבּוֹר בְּמַעֲרָבוֹן
כְּמוֹ שׁוֹלֵף לְמֶרְחַקִּים קְצָרִים

ELEGY ABOUT A PORTION OF PARADISE

1. LIKE A MOTORBIKE

Cold
and the rains will continue till September,
she will fall asleep and wake up because of love and her virginity
will speed past like a motorbike,
so much smoke from the back
so much light from the front

2. LOVE POEM

Light is on over the bed
over the touching hand
over the touched belly
and I know that in a room in the northern section of town
the smell of a Siamese pussy cat is now
passing through a girl's neck,
her body is moist
and before caressing her fur she should be stripped naked.
Light is on over the bed
over the touching hand
over the touched belly
and the man now with her steals away in the morning
like a horse thief
like the tough one in Westerns
like a point blank gun slinger

3. שִׁיר רְחוֹב

חֲתוּלַת הַבַּיִת הוֹפֶכֶת לַחֲתוּלַת הָרְחוֹב,
צָהֹב מִתְעַרְבֵּב בְּסָגֹל
סָגֹל בְּכָחֹל
וְגִ'ינְס מִתְקַפֵּל עַד הַבֶּרֶךְ הוּא תְּחִלַּת הַקַּיִץ
תְּחִלַּת הַסֶּקְס

4. קֶטַע גַּן־עֵדֶן

חֲלוֹם סָגֹל כֵּהֶה דָּקוּר עַל הַוְּרִידִים,
בָּאֶצְבָּעוֹת קָמוּץ הָרַעַד אֶגְרוֹפִים אֶגְרוֹפִים
וּפְסַנְתֵּרֵי כָּנָף יַעֲבִירוּ לַיְלָה שֶׁל פְּרִיטָה תַּמָּה בְּחֹד הַמַּזְרְקִים,

אֲנִי מִסְתַּכֵּל לָהּ בַּבֶּטֶן וְרוֹאֶה קֶטַע גַּן־עֵדֶן.

3. STREET POEM

The domestic kitten turns into an ally cat,
yellow mixes with violet
violet with blue
and jeans rolled up to the knees are the beginning of the end
the beginning of sex

4. PORTION OF PARADISE

 A dark purple dream stabs the veins,
trembling fingers are clenched fist by fist
and grand pianos will pass a night of innocent playing
at the tips of syringes,

I gaze at her belly and see a portion of paradise.

סוֹנֶטַת חֲדַר הַלֵּדָה שֶׁל הַחֶרֶב הַמִּתְהַפֶּכֶת

הָעֲנָנִים הֵם צֶמֶר גֶּפֶן בּוֹ טוֹבֵל אֱלֹהִים
אֶת פּוּדְרַת הַשְּׁקִיעָה,
עַל פְּנֵי הָאֲדָמָה.

כָּל סִפּוּר בְּרֵאשִׁית
מִתְחוֹלֵל עַל רַחֲבַת הָרִקּוּדִים הַשְּׁמֵימִית
וְצֵל מָטוֹס זָרוּק בְּפִנָּה כְּנַעַל עָקֵב
שֶׁמִּישֶׁהִי חָלְצָה עַל עָנָן חוֹלֵף.

מִצַּוַּאר הַיָּרֵחַ מִשְׁתַּלְשְׁלִים
מַפְתְּחוֹת לְחַדְרֵי הָרְעָמִים וְהַבְּרָקִים,
לַחֶדֶר בּוֹ מְצַיְּרִים לַעֲצֵי הַדַּעַת אֶת עֲלֵי הַשַּׁלֶּכֶת
וְלַחֲדַר הַלֵּדָה שֶׁל הַחֶרֶב הַמִּתְהַפֶּכֶת.

כַּמָּה מוּזָר שֶׁטַּרְטוּר הַמְּנוֹעִים מִתַּחַת לַכָּנָף מַשְׁתִּיק
צַעֲקַת תִּינוֹק שֶׁנּוֹלַד הַלַּיְלָה וְאֶת הַגְּנִיחָה הַמַּרְעִידָה
אֶת קְפִיצֵי הַמִּטָּה, בַּחֲדַר הַשֵּׁנָה שֶׁל אָדָם וְחַוָּה.

Sonnet of the Flaming Sword's Birth Chamber

Clouds are cotton puffs God dips
into the powder of the setting sun,
patting the earth all over.

The entire story of Genesis
plays out on the heavenly dance floor
and a plane's shadow is cast in the corner like a high-heeled shoe
someone kicks off while perched on a passing cloud.

Around the moon's neck dangle keys
to the room of thunder and lightning,
to the room where painted leaves fall from Trees of Knowledge
and to the birth chamber of the flaming sword.

How strange from under the wing the engine's blast drowns out
the wails of a baby born tonight and the moans loosening
the springs in the bedroom of Adam and Eve.

רְסִיס

אַתְּ אוֹמֶרֶת שֶׁהָאַהֲבָה דּוֹמָה לְכוֹס.
הִיא נִשְׁבֶּרֶת אִם מַחֲזִיקִים אוֹתָהּ
חָזָק מִדַּי אוֹ חַלָּשׁ מִדַּי.
עַל הַחַד שֶׁבָּרְסִיסִים מְשׁוֹרְרִים
כּוֹתְבִים שִׁירִים. אֲנִי
לֹא. אֲנִי הַגֵּאוֹלוֹג שֶׁל שִׁכְבוֹת הַלִּיפְּסְטִיק
הַמְּרוּחוֹת עַל שְׂפַת הַזְּכוּכִית כְּמַטְלִית אֲדֻמָּה שֶׁנִּצְבְּעָה
בְּדַם הַשּׁוֹר.

SPLINTER

You say love resembles a glass.
It shatters if you hold it
too tight or too loose.
On the sharpest pieces poets
write poems. Not me.
I'm a geologist of the lipstick layers
smeared on the rim, red rags
soaked in a bull's blood.

שִׁיר פַּאנְק הַמַּתְחִיל בִּשְׁתֵּי שׁוּרוֹת שֶׁל צֶ'כוֹב

מִי שֶׁתּוֹלֶה אֶקְדָּח בַּמַּעֲרָכָה הָרִאשׁוֹנָה
יוֹרֶה בּוֹ בַּשְּׁלִישִׁית.
מִן הַלֹּעַ יִפָּלְטוּ אַבְזְמֵי הַמְּעִיל, שַׁרְשֶׁרֶת הַבַּרְזֶל
וְצַעֲדֵי הַסַּכִּין שֶׁל זוֹ שֶׁהָאַסְפַלְט בִּרְחוֹב יְהוּדָה הַלֵּוִי
יֵחָתֵךְ תַּחְתֶּיהָ.
וּבֵינְתַיִם, אֶת קְצוֹת הַשֵּׂעָר עַל הָעֹרֶף הִיא מַאְדִּימָה
כְּמוֹ בֶּדוּאִי הַמְּסַמֵּן כִּבְשָׂה.
מִי יוֹדֵעַ, אוּלַי חָלִיל רוֹעִים הוּא קְצֵה הַחֲלוֹם שֶׁלָּהּ.

PUNK POEM BEGINNING WITH TWO LINES BY CHEKHOV

A pistol appearing in the first act
must be fired in the third. The barrel
will spit out jacket buckles, iron chains
and the stiletto steps of the woman slicing
Yehuda Halevy Road to smithereens. Meanwhile
she dyes the hair at her nape red
like a Bedouin marking sheep.
Who knows, maybe a shepherd's flute
is the fringe of her dream.

הָאֵשׁ נִשְׁאֶרֶת בְּאָדֹם

סוֹף דֵּצֶמְבֶּר, וְהַיָּרֹק שֶׁל רְחוֹב שָׁאוּל הַמֶּלֶךְ מָעְתָּק מֵהֶעָלִים,
הָאֵשׁ נִשְׁאֶרֶת בְּאָדֹם
וְהַצָּהֹב צָהֹב.
וְהַלַּיְלָה, בַּחֲלָלִים שֶׁל גֶּשֶׁם פִּתְאוֹמִי, הִיא מְדַבֶּרֶת עַל מַרְטִין בּוּבֶּר.
אוֹר גָּנוּז כָּזֶה שֶׁל רַמְזוֹרִים וּפָנָסֵי מְכוֹנִיּוֹת.
וּמִתַּחַת לְחוּטֵי הַחַשְׁמַל שֶׁמּוֹתְחוֹת הַמִּלִּים בַּגּוּף
עוֹבֶרֶת הַמַּחֲשָׁבָה עָלֶיהָ בְּאַקְרוֹבָּטִיקָה שֶׁל מְטוֹס רִסּוּס.

THE FIRE STAYS IN RED

End of December and the green of King Saul Avenue
copies itself from leaves, the fire
stays in red and the yellow is yellow. Tonight
during intervals of sudden rain she talks
of Martin Buber. Such a Hidden Light from traffic signals
and car beams. And in my body her words pull tight
the electric wires, under which the thought of her
swirls, a cropduster's acrobatics.

סַכִּין הַגִּלּוּחַ שֶׁחָתַךְ לַשִּׁירָה אֶת פְּנֵי הַמֶּטָפוֹרָה

לעבד אל־קאדר אל ג׳נאבי

הוּא הַשַּׂעֲרָה הָאַחֲרוֹנָה בְּסִלְסוּל שְׂפָמוֹ שֶׁל סַלְבָּאדוֹר דָּאלִי.
הוּא הַכַּדּוּר הַתּוֹעֶה בְּווינְצֶ׳סְטֶר קְצוּץ הַקָּנֶה שֶׁל ג׳וֹן וֵוין.
הוּא הַתָּמָר שֶׁהִמְתִּיק אֶת עֲצֵי גַּן־עֵדֶן לְאֹרֶךְ הַפְּרָת וְהַחִדֶּקֶל.
הוּא סַכִּין הַגִּלּוּחַ שֶׁחָתַךְ לַשִּׁירָה אֶת פְּנֵי הַמֶּטָפוֹרָה.
אָז מָה הָיָה לָנוּ, עַבְּד אֶל־קָאדֶר אֶל גָ׳נָאבִּי, אֲנִי שׁוֹאֵל
בַּקּוֹמָה הַחֲמִישִׁית, בִּרְחוֹב נוֹלֶה, עַל גְּבוּל רֹבַע קְלִישִׁי שֶׁבְּפָּרִיז.
לְאָן דּוֹהֲרִים הַלַּיְלָה סוּסֵי הָאֶלֶף לַיְלָה וְעוֹד לַיְלָה?
כַּמָּה לַיְלָה בְּשׁוּרָה אַחַת
וְכַמָּה אַהֲבָה הָיְתָה בְּעֵינֵי אִשְׁתּוֹ מוֹנָה,
כְּשֶׁאֶצְבָּעוֹ הִבְרִיקָה אֶת מִסְגֶּרֶת הַתְּמוּנָה בָּהּ
נִסָּה לְהִתְגַּעְגֵּעַ לְמַעַרְבּוֹן חַיָּיו
בִּרְחוֹבוֹת בַּגְדָּד.
בַּחֶדֶר הַשֵּׁנִי, נִפְתַּח לְרֶגַע פְּרִיג׳ידֶר הַתּוֹדָעָה
וְקֻבִּיַּת קֶרַח שָׁטָה כִּסִירָה עַל הַמַּיִם שֶׁנָּמַסּוּ מִקַּרְקָעִית גּוּפָהּ.

THE RAZOR BLADE THAT SLASHED
THE METAPHORIC FACE OF POETRY
for Abd El-Qadr El Janabi

He's the last hair in Salvador Dali's twirling mustache.
He's the stray bullet in John Wayne's sawed-off Winchester.
He's the date palm sweetening the trees of Paradise
growing along the Euphrates and the Tigris.
He's the razor blade that slashes poetry's metaphoric face.
So what it is we had, Abd El-Quadr El Janabi? I'm asking
on the fifth floor, rue Noullet, at the edge of Clichy in Paris.
The horses of *One Thousand and One*
Nights, where are they galloping tonight?
(So much night in one line
and so much love in the eyes of Mona, his wife,
as his finger polishes the frame of the photo
where he's decked out as a cowboy
on the streets of Baghdad.)
In the next room, the refrigerator of consciousness opened
for a moment
and an ice cube floated like a boat
on water melting from the seabed of her body.

הַקָּטָלוֹג הָאָדֹם שֶׁל הַמִּלָּה שְׁקִיעָה

מְשׁוֹרֵר צָרְפָתִי רוֹאֶה שֶׁמֶשׁ מַאְדִּימָה
וְסוֹחֵט מְעִנְּבֵי הָעֲנָנִים אֶת צֶבַע הַיַּיִן.
מְשׁוֹרֵר אַנְגְּלִי מְדַמֶּה אוֹתָהּ לְשׁוֹשָׁן
וְהָעִבְרִי לְדָם.
הוֹ אַרְצִי, אֶרֶץ הַנּוֹעֶצֶת שְׂפָתַיִם קָנִיבָּלִיּוֹת בְּצַוָּארָהּ הַבְּתוּלִי
שֶׁל הַשְּׁקִיעָה,
מְשׁוֹטֵי הַפַּחַד תְּפוּרִים לְאֹרֶךְ זְרוֹעוֹתַי
וַאֲנִי, בְּתֵבַת חַיַּי, חוֹתֵר כְּמוֹ נֹחַ
לְעֵבֶר אֲרָרָט.

RED CATALOGUE OF THE WORD *SUNSET*

A French poet sees a red sunset
and squeezes burgundy from the cloud grapes.
An English poet likens the sunset to a rose
and a Hebrew, to blood.
Oh my country, a land fastening cannibal lips
to the setting sun's virginal throat,
my arms are oars of fear
and I, in the ark of my life, row
like Noah to Ararat.

Notes

7 Lines about the Wonder of the Yarkon p. 5
Yarkon: stream flowing through northern Tel Aviv empties into the Mediterranean.

Hawadja Bialik p. 9
Hawadja: "Mr." in Arabic for a non-Arab. Chaim Nachman Bialik (1873-1934): the great harbinger of modern Hebrew poetry, "providing (it) with a new idiom which fused together the various strata of the language" (T. Carmi), is considered the national Hebrew poet. His house in Tel Aviv is maintained as a historic site and cultural center. Someck alludes to Bialik's well-known love poem, "Place Me under Your Wing," in lines 4-6 and 19.

Tattoo of an Eagle p. 13
Dizengoff corner of Frishman: A bustling intersection in downtown Tel Aviv. Meir Dizengoff: first mayor of Tel Aviv (d. 1936). David Frishman: Hebrew writer who lived in Poland (d. 1922).

Snapshot p. 15
David Ben Gurion (1886-1973): founding father and first prime minister of Israel who led the country through the War of Liberation and years of mass immigration. He joined a kibbutz in the Negev in his later years. *Bat Yam:* town south of Tel Aviv. *The Green Village* (Hakfar Hayarok): an educational farm near Tel Aviv.

In Response to the Question: When Did Your Peace Begin? p. 17

Umm Kulthum (d. 1975): the "Egyptian songbird" who was the symbol of the Arab world's aspirations. To this day, her cassettes outsell any other Arabic female vocalist. "She had the style of Ella Fitzgerald, the statewomanliness of Eleanor Roosevelt and the impassioned posthumous following of Elvis Presley" (see "Embroidered Rag. A Poem about Umm Kulthum").

Arab Labor p. 19
Arab labor: Hebrew slang for poor quality. *Dir Hanna:* Arab village in the Galilee in northern Israel, where a major strike erupted in the 1980s of Arab women textile workers.

Niva p. 21
"She was like a candy box with death roaming inside": adapted from The Young Lions by Irwin Shaw. *Jewish Agency:* umbrella organization, headquartered in Jerusalem, which helps to resettle new immigrants.

First Law of the Jungle. Poem for a Soldier Missing in Action p. 23
Ulpan: A crash course in Hebrew available for new immigrants. *Beit-Dagan's Meteorological Institute:* southeast of Tel Aviv.

Solo Arak p. 27

Arak: alcoholic drink made from anise. *A dunam:* one tenth of an acre. *Abd al-Wahab (1910-1991):* Egyptian singer and movie star famous throughout the Middle East. He also composed 1800 songs, with "Cleopatra" being just one of his hits. *Mitzpeh Yam:* home for juvenile delinquents in Herzliya, town adjoining Tel Aviv to the north.

Secret p. 31

Ramat Gan: town adjoining Tel Aviv to the east.

Poem About Brenner with A.N.'s Shout in Parenthesis p. 41

Yosef Chaim Brenner: a leading Hebrew novelist in the first two decades of the 20th century, was killed and mutilated by Arabs in the riots of May 1921. His house was in an isolated area, in the midst of the orange groves that stretched between Jewish Tel Aviv and Arab Jaffa.

The Leopard and the Glass Slipper p. 46

Wadi Kelt: creek in the Judean desert, which is dry for most of the year. *Prat stream:* in same area.

Johnny p. 55

Johnny Weissmuller: a world-class American swimmer who was selected because of his powerful biceps to play Tarzan in the movies from 1930s until the early 1940s. *Yehuda Halevi (1075- 1141):* "the sweet singer of Zion." Halevi and Solomon Ibn Gabirol (1021-1058) were the foremost figures in the Golden Era, a period when Hebrew poetry, philosophy and culture flowered in medieval Spain. Two main streets in Tel Aviv are named after them. *Beit Lid:* crossroads and army camp in the Sharon valley, west of Netanya.

Female Soldier in the Desert: A Photo-Novel p. 65

Concubine from the Hill: from the Book of Judges, Chapter 19.

Elegy for a Dead Horse in the Sabrah Refugee Camp p. 67

During the Lebanese War (1982-1985) the Lebanese Christian Militia, furious at the assassination of the newly elected Christian President of Lebanon, retaliated by staging massacres at Sabrah and Shatilah, two Palestinian refugee camps in Lebanon. Israel was later accused of not preventing the atrocities.

Nine Lines about a Bedouin Dying of Desert Cancer p. 83

Fantazieh: jubilation in Arabic. *Shabriyeh:* Arabic dagger.

Movers p. 46

Alte zachen: "old things" in Yiddish.

The Fire Stays in Red p. 117

Hidden Light: title of Martin Buber's famous collection of Hassidic tales. Also known in Cabala (extensive body of Jewish mystical writings) as the "Light of the Seven Days" of creation, reserved, by legend, for the righteous.

About the Poet

Ronny Someck, born in Iraq in 1951, arrived in Israel when he was one-and-a- half years old. He spent his childhood in an Israeli transit camp for new immigrants until his family moved to an apartment complex for immigrants near Tel Aviv. He has worked as a leather goods vendor, an instructor to street gangs and today still teaches literature at a special high school for dropouts. Someck graduated with a degree in philosophy and literature from the University of Tel Aviv. He hosts his own popular radio show and travels, as troubadours of old, all over Israel with a singer who has set many of his poems to music. The author of eight books of poetry, Someck has been translated into 22 languages, including Arabic, Catalan and Albanian. *The Fire Stays in Red* is his first full-length book in English translation.

About the Translators

Moshe Dor, born in Tel Aviv in 1932, is a major figure in contemporary Israeli literature. Author of more than 30 books of poetry, interviews and children's verses, his most recent book in English translation is *Khamsin: Memoirs and Poetry by a Native Israeli* (Lynne Reinner Publishers). With Barbara Goldberg and Giora Leshem, he co-edited *The Stones Remember: Native Israeli Poetry* (The Word Works, 1991), recipient of the Witter Bynner Foundation Award and named as Outstanding Book by *Choice* magazine. More recently, he and Ms. Goldberg edited *After the First Rain: Israeli Poems on War and Peace* (Syracuse University Press and Dryad Press, 1997).

Barbara Goldberg, raised in Forest Hills, New York, graduated from Mount Holyoke College. She received graduate degrees from Yeshiva University, Columbia University and The American University, Washington, D.C. Goldberg is the author of six books of poetry, including *Cautionary Tales* (Dryad Press, 1990), winner of the Camden Award, and *Marvelous Pursuits* (Snake Nation Press, 1995), recipient of the Violet Reed Haas Award. Two of her books have appeared in Hebrew translation.